Herrn Dr. F. Kulha[illegible]
freundlichen [illegible]

Abschied von Luther

Psychologische und theologische
Reflexionen zum Lutherjahr

von

Albert Mock

Köln 1985

2. Auflage

ISBN 3 922 727 20 4

INHALTSVERZEICHNIS

Vorwort

Anlaß zu dieser Schrift war das Lutherjubiläum des vergangenen Jahres, das zur fünfhundertsten Wiederkehr des Geburtstages Martin Luthers in vielen Feiern und Veranstaltungen begangen, gleichzeitig das von Papst Johannes Paul II. ausgerufene Heilige- oder Erlösungsjahr, in dem auf besondere Weise des Erlösungstodes Jesu Christi vor neunzehnhundertundfünfzig Jahren gedacht wurde. Der damit verbundene Jubiläumsablaß rief bestimmte Erinnerungen an den Ablaßstreit mit Luther hervor.
Als Beweggrund zu dieser vertiefteren Auseinandersetzung mit Luther muß schon ein ganzes Motivbündel angeführt werden: der schmerzliche Zustand der konfessionellen Spaltung unseres Landes und der ganzen Christenheit, mit dem wir täglich mehr oder weniger konfrontiert werden im pastoralen Arbeitsfeld sowie im Universitätsbereich bei der Zusammenarbeit mit Kollegen und Studenten; der Aufforderungscharakter der liturgischen Gebete und des Konzilsdekrets über den Ökumenismus; die unermüdlichen bis demütigen Bemühungen unseres Heiligen Vaters und seine zahlreichen Aufrufe, sich engagiert um die Einheit der Christen in „Liebe *und* Wahrheit" zu bemühen durch Gebet, Opfer und ernste, vor dem ewigen Richter zu verantwortende wissenschaftliche Forschung.
Neben diesen Hauptmotiven haben mich spezielle persönliche Fragestellungen und Interessen an der Person Luthers immer wieder dazu angeregt, mich intensiver mit ihm zu beschäftigen: die gleiche landsmannschaftliche und kulturgeschichtliche Herkunft aus Mitteldeutschland, die katholische Kindheit und Jugend sowie die Berufs- und Standesgleichheit als Ordenspriester und Hochschullehrer, mein *Lutherbild* aus dem Theologiestudium, das zur Zeit meiner Ausbildung (1950-1956) stark von dem Standardwerk Josef

Lortz' „Die Reformation in Deutschland" (1939/40) geprägt worden ist, die Wertschätzung der deutschen Schriften Luthers während meines Germanistikstudiums und nicht zuletzt mein berufliches Interesse als Psychologe an der überaus aufschlußreichen Persönlichkeit des Mannes, der wie kaum ein anderer die Menschen herausgefordert und die kirchliche wie politische Gestalt unseres Landes und der Welt verändert hat; Gründe genug, sich ein ganzes Leben lang persönlich und wissenschaftlich damit auseinanderzusetzen um des Evangeliums willen, an das — zugestanden oder nicht zugestanden — unser aller Lebenssinn und -ziel gebunden sind. Die Beschäftigung mit Luther führt, wenn sie ernst und aufrichtig gemeint ist, eo ipso zur erneuten Entscheidung für oder gegen Christus und seine Kirche. Christus und seine Kirche sind eins wie Haupt und Leib. Man kann nicht Christus gegen die Kirche und die Kirche gegen Christus ins Feld führen, bei allem Vorbehalt notwendiger Unterscheidungen.

Methodisch habe ich mich im großen und ganzen von den Lutherbiographien und theologischen Abhandlungen über ihn leiten lassen und das dort Gesagte an den Quellen (hauptsächlich der „Weimarer Ausgabe") überprüft. Dabei stellte sich heraus, daß das in den Lutherbiographien und in den Medien, aber auch in den amtlichen kirchlichen Blättern aufgezogene Lutherbild nicht mit dem Luther der Quellen übereinstimmt. Es zeigten sich große Widersprüche, Ungereimtheiten und Auslassungen. Der gelegentliche Hinweis auf die Fragwürdigkeit der von verschiedenen Zeugen[1] mitgeschriebenen „Tischreden" und „Predigten" Luthers wurde nicht einfach übergangen, sondern an den allgemein anerkannten Kriterien der „Psychologie der Zeugenaussagen" überprüft.[2] Danach können die „Tischreden" und „Predigten" Luthers in ihren wesentlichen Grundzügen und charakteristischen Details als original lu-

therisch angesehen werden. Bei der „Analyse der Aussagen“ der Anhänger Luthers auf der einen sowie der Gegner auf der anderen Seite müssen zwar die unterschiedlichen Motive der verschiedenen Parteien in Betracht gezogen werden, von primärer Bedeutung sind dabei jedoch die gemachten Aussagen selbst. Diese müssen als solche miteinander verglichen und auf ihre Erlebnis- und Realitätsadäquatheit hin analysiert werden, und zwar aufgrund von wahrnehmungs- und gedächtnispsychologisch gesicherten Erkenntnissen. Glaubhaftigkeit geht vor Glaubwürdigkeit.[3]
Wer Luther verstehen will, muß die ihn prägenden Faktoren seiner Kindheit und Jugendzeit, sein Weltbild und seine Philosophie kennen und zunächst einmal klären, was er unter den von ihm verwendeten Termini versteht. Sich des gleichen Wortschatzes zu bedienen heißt noch lange nicht, auch die gleichen Begriffe und Vorstellungen zu haben. Was Luther unter Gott und Christus versteht, dürfte etwas wesentlich anderes sein als das, was die Heilige Schrift, die Konzilien, die katholische und orthodoxe Kirche darunter verstehen. Ähnliches gilt von den fundamentalen Begriffen wie Person und Natur, Dreifaltigkeit, Glaube, Liebe, Gnade, Sünde oder Rechtfertigung etc.. Wer das nicht oder zu wenig beachtet, mag zwar eine große Liebe zur Wiedervereinigung der getrennten Christen haben, befindet sich aber nicht auf dem neuesten Stand der nüchtern fortschreitenden Quellenforschung.
Eine ebenso wichtige Frage wie die der philosophisch-theologischen Vorraussetzungen Luthers ist die nach seiner Persönlichkeit. Bestimmte Erlebens- und Verhaltensweisen Luthers rufen bei Psychologen und Psychopathologen spontan ganz bestimmte Krankheitsbilder ins Bewußtsein, die vieles bis dahin Unverständliche plötzlich einsichtig machen. Wer diesen psychologisch und theologisch bedeutsamen Aspekt der Persönlichkeit Luthers übersieht oder

verdrängt, muß ihn falsch sehen und beurteilen. Die Frage nach der leibseelischen Gesundheit oder Krankheit Luthers wird ein Kernkapitel dieser Reflexionen sein und damit auch der Theologie, die davon mitbestimmt wird.
Zielgruppe dieser psychologischen und theologischen Reflexionen sind alle diejenigen, denen die Einheit aller Christen in „Liebe *und* Wahrheit" ein Herzensanliegen ist, für das sie ständig beten und sogar zu leiden bereit sind und es nicht nur bei Diskussionen und Disputationen bewenden lassen.

Köln, den 10. November 1984 Albert Mock

1. Ökumenische Hindernisse

Der Weg zur Wiedervereinigung der getrennten Christen gleicht einer Fahrt zwischen Scylla und Charybdis. In einem Gespräch Johannes Paul II. mit André Frossard[4] bemerkt der Papst unter Anspielung auf das Konzilsdekret über den Ökumenismus, daß die Einigung mit der orthodoxen Kirche uns von den evangelischen Christen entfernt, und umgekehrt die Annäherung an die Protestanten der Vereinigung mit den orthodoxen Christen hinderlich im Wege steht. Die Hindernisse auf dem Weg zur Einheit mit den Orthodoxen sind — zumindest theologisch — unvergleichlich geringer als die mit den Reformationskirchen. Da wir aber im Lande Martin Luthers leben, brennt uns das Problem der Wiedervereinigung mit den evangelischen Glaubensbrüdern wesentlich stärker auf den Fingern und im Herzen.

Immer wieder wird auf die Verpflichtung zur Einheit aus dem hohenpriesterlichen Gebet hingewiesen: „Alle sollen eins sein . . ." (Joh 17,21). Dabei wird der Kontext dieses Satzes aber meistens nicht erwähnt und zuweilen der Eindruck erweckt, als ob *alle Menschen* damit gemeint seien, obwohl Jesus ganz betont nur von denen spricht, „die durch ihr Wort an mich glauben . . ." (Joh 17,9) und die „Welt" bewußt ausschließt, „nicht für die Welt bitte ich," (Joh 17,9). Auch die Art der Einheit, die Jesus hier anspricht, ist von Bedeutung: „Wie du, Vater, in mir bist und ich in dir bin, so sollen auch sie in uns eins seien . . ." (Joh 17,21). Damit ist sicherlich nicht nur die letzte und vollkommenste Einheit in der seligmachenden Gottschau gemeint, sondern auch diejenige, die er gerade im Abendmahlssaal seinen Aposteln geschenkt hat in seinem Fleisch und Blut, „damit die Welt glaubt, daß du mich gesandt hast . . ." (Joh 17,21) bzw. „damit die Welt erkennt, daß du mich gesandt hast . . ." (Joh 17,23). Mit diesem „glauben" oder „erkennen" der „Welt" ist gewiß kein „anerkennen" im Sinne des christlichen Glaubensgehorsams gemeint, da dies im Widerspruch zu den vorhergehenden Äußerungen über die „Welt" stünde. Nach Jakobus „glauben auch die Dämonen, und sie zittern" (2,19). Jesus dürfte dieses „glauben" oder „erkennen" der Welt so gemeint haben wie bei Joh 8,28: „Wenn ihr den Menschensohn erhöht habt, dann werdet ihr erkennen, daß ich es bin." Die Erhöhung Christi am Kreuz hat diejenigen, die ihn erhöht haben, bis auf wenige nicht zum Glauben an ihn im Sinne der Bekehrung gebracht, höchstens im Sinne des zitierten Jakobusbriefes.

Über Martin Luther zu referieren, ist immer von besonderer Brisanz und Schwierigkeit. Was an Quellen über sein Verhalten und Erleben, sein Wirken und seine Wirkung sowohl von ihm selbst als auch von seinen Zeitgenossen vorliegt, ist so umfangreich und übersetzungsschwierig, daß sogar die wenigen Lutherspezialisten kaum zu sagen wagen, Luther umfassend zu kennen. Wissenschaftlich gesehen genügt es zwar, eine *repräsentative Stichprobe* aller Daten und Aspekte von und über Luther zu erfassen, aber schon dies allein setzt eine Menge Kenntnisse von Quellen und Methoden voraus. Die meisten Lutherfachleute sind Theologen, die ihn, wie nicht anders möglich, aus der Sicht ihrer Wissenschaft betrachten und beurteilen. Zwar bemühen sich auch Profanhistoriker, Germanisten, Psychiater, Psychologen und neuerdings auch Soziologen und Juristen um eine wissenschaftlich abgesicherte Beurteilung des Reformators, aber auch diese können es nicht vermeiden, nur ausschnittweise mit den Instrumenten und Methoden ihrer Disziplin an ihn heranzugehen und ihn zu deuten bzw. bestimmte Persönlichkeits*züge* von ihm zu erklären. Diese Züge und Aspekte werden aber immer in ein Gesamtbild

eingefügt, das sich der einzelne notwendig macht oder übernimmt.
Überdies wird von sehr vielen Wissenschaftlern außer acht gelassen, daß nach den Gesetzen menschlicher Wahrnehmung Wissenschaft keineswegs nur eine isolierbare Angelegenheit der *Erkenntnisfunktion* ist, sondern ebenso auch der *Gefühlsfunktion* und damit der Wertung und persönlichen Entscheidung, wie weiter unten noch näher ausgeführt wird. Hier liegen die Kernschwierigkeiten der Verständigung, die von den wenigsten wahrgenommen oder eingeräumt werden. Nach E. Iserloh liegen die Schwierigkeiten, Luthers Person und Werk zu erfassen und wahrheitsgemäß darzustellen, vor allem in ihm selbst. Analysiert man jedoch die Quellen und deren Bearbeitung von verschiedenen Leuten, so finden wir das größte Hindernis einer übereinstimmenden Beurteilung Luthers weniger in seiner Person als vielmehr in dem *Bild*, das sich die verschiedenen „Parteien" aus unterschiedlichen Gründen von ihm machen, je nachdem, ob und inwieweit sie sich mit Luther identifizieren oder nicht. Es ist die Angst um den Verlust der eigenen Identität, die eventuell umstrukturiert werden müßte. Der dänische Atomphysiker Niels Bohr hat einmal gesagt: „Es gibt Dinge, über die man sich einigen kann, und solche, die von Bedeutung sind", d. h. mit der Bedeutung eines Gegenstandes oder einer Person schwindet die Wahrscheinlichkeit einer übereinstimmenden Deutung. Wenn dies schon im Bereich der Naturwissenschaften gilt, um wieviel mehr in Fragen der Glaubens- und Sittenlehre, die unsere diesseitige und jenseitige Existenz folgenschwer bestimmen.
Luthers außergewöhnliche Wirkung und Bedeutung stehen außer Frage, ganz egal, ob man diese positiv oder negativ beurteilt. Der gläubige Katholik, der sich begründet und überzeugt zur authentischen Lehre der Kirche bekennt —

die nicht identisch ist mit theologischen Lehrmeinungen — hat ein anderes Lutherbild als der mit ihm vergleichbare gläubige Protestant, trotz gleichen Informationsstandes über Luthers Werk und Persönlichkeit. Das hängt mit der bereits erwähnten Tatsache zusammen, daß sowohl beim Glauben als auch bei wissenschaftlichen Erkenntnissen und Theorienbildungen alle drei seelisch-geistigen Grundfunktionen mitbeteiligt sind. Kindheit und Jugend, Erziehung und Bildung prägen uns so sehr, daß sogar ernstgemeintes Studium und objektive wissenschaftliche Methoden unbewußt und in gutem Glauben dazu benutzt werden, die eigenen konsolidierten Denk- und Wertvorstellungen zu bestätigen und zur „guten Gestalt" zu vollenden. Nur *überwältigende* Erlebnisse der Bewunderung, der Liebe oder des Leids vermögen das noch zu ändern. Wer die seelischen Abwehrmechanismen kennt, weiß sehr wohl, zu welchen möglichen und „unmöglichen" Mitteln und Methoden Menschen greifen, um ihr Selbst- und Weltverständnis abzusichern und zu festigen. Wer in langer Entwicklung mehr oder weniger mühsam und erfolgreich seine eigene Identität aufgebaut hat, ist äußerst selten noch fähig oder bereit, sich umzustellen, außer im Falle klarer Ichsteigerung bzw. der Verhinderung eines starken Ichverlustes.

Aber nicht nur psychologische Gründe verhindern oder erschweren eine Umstellung oder Annäherung der Standpunkte, sondern auch logisch-begriffliche Mängel und methodische Überschreitungsfehler. Eine eindeutige Theologie setzt ebenso eindeutige Begriffe und Definitionen voraus, also eine entsprechende Philosophie. Die Trinitätslehre und Christologie Luthers zeigen das mehr als deutlich. Zwar ist Theologie wesentlich mehr als Philosophie oder Wissenschaft, da sie von den Selbstmitteilungen Gottes an den Menschen bestimmt wird, aber diese ergehen nun einmal an den so beschaffenen Menschen und darum ist Theologie ohne diese Denkinstrumente und methodischen Hilfsmittel immer in Gefahr, zu reiner Spekulation oder gar zur Wahnidee zu entarten. Wenn Glauben kein halluzinatorischer Akt sein soll, der nur sich selbst und seine Phantasiewelt zeugt, muß er von erfahr- und überprüfbaren Realitäten ausgehen und auf vorhersagbare wirkliche Gegebenheiten schließen können, analog den Hochrechnungen in der Statistik, auch wenn die Erfüllung der Prognose nicht beeinflußbar ist. Nur wer definierte Daten und Erfahrungswerte zur Verfügung hat, ist in der Lage, gültige und zuverlässige Hochrechnungen zu erbringen, die auch wirklich eintreffen. Hochrechnen heißt: begründet glauben, obgleich glauben im theologischen Sinne mehr ist als hochrechnen. Am Computer können alle denkbaren Modelle durchgespielt werden, der „wahre Wert“ des jeweiligen Modells ergibt sich jedoch aus der Treffsicherheit, mit der es die vorausgesagte, geglaubte Wirklichkeit real erfaßt. Diese Überlegungen zielen auf Luthers Glaubens- und Offenbarungsverständnis, von denen weiter unten die Rede sein wird.

Ein Schlüsselbegriff in der theologischen Auseinandersetzung ist überdies der Entwicklungsgedanke[5], der der Zeit Luthers zwar im heutigen Sinne fremd ist, aber doch von modernen bzw. modernistischen Theologen im Sinne von Veränderungstheologie eingebracht wird. Je nachdem, ob Entwicklung als Veränderung im weiteren oder engeren Sinn gebraucht wird, nämlich als Identitäts-*Veränderung* oder als Identitäts-*Aufbau*, hat dies schwerwiegende Folgen für das Dogmen-, Kirchen- und Glaubensverständnis. Identitätsaufbau und -vollendung vollzieht sich durch zunehmende Differenzierung und Integrierung im Sinne von zeitgerechter inhaltlicher *Auffüllung* angeborener (genetisch programmierter) Wesensformen bzw. der Aufschlüsselung und des Aufbaus der Identität, Identitätsveränderung dagegen besagt die Abkehr von diesen und Auflösung dieser Wesenformen, der Identität selbst. Dieses Bild aus der Biologie läßt sich, mutatis mutandis, auf alle seelisch-geistigen Entwicklungsvorgänge übertragen und damit auch auf die Entwicklung der Kirche und ihres Glaubens- und Gnadengutes. Der Kirche obliegt die Aufgabe, das ihr von Christus anvertraute Gut nicht zu verändern, sondern zu „dekodieren" und aufzubauen bis zur „vollendeten Gestalt" des geheimnisvollen (noch verschlüsselten) Leibes Christi. In diesem Sinne der Identitätsvollendung hat auch Goethe Entwicklung verstanden, wenn er unübertrefflich klar und einfach formuliert: „Werde, der du *bist*." Oder Angelus Silesius: „Vor jedem steht ein Bild, des' was er werden soll. Solang er das nicht ist, ist nicht sein Friede voll." Was hier von der Identität des einzelnen gesagt ist, gilt auch von der Identität der Kirche, die Christus selber ist. Auch auf die Dogmen kann der Entwicklungsbegriff nur in diesem Sinne der Identitätsvollendung angewandt werden, sonst ist es Zersetzung und Auflösung des Evangeliums, Zerstörung des Bildes Christi.

Diese Identitätsvollendung bezieht sich jedoch nicht auf den Inhalt der Offenbarungen Gottes, sondern auf das wachsende Verstehen und Entschlüsseln unsererseits, das Offenkundigwerden für uns. „Noch vieles habe ich euch zu sagen, aber ihr könnt es jetzt noch nicht (er)tragen. Wenn aber jener kommt, der Geist der Wahrheit, wird er euch in die ganze (volle) Wahrheit führen" (Joh 16, 12-13). So ist auch Augustinus zu verstehen, wenn er bekennt: „Als ich dich zum ersten Mal erkannte, da hast du mich angenommen, damit ich sähe dieses Sein, das ich sehen sollte, daß ich aber noch nicht der bin, der es zu sehen vermöchte. Du schlugst mein schwaches Auge auf und strahlest überhell in mir, und ich erzitterte in Liebe und Erschrecken" (Conf. 7,10). „Das Reich Gottes *ist* (bereits) in euch" (Lk 17,21), sagt Jesus, wenn auch noch verborgen und verlierbar. Petrus und seinen Nachfolgern wurden von Christus „Unfehlbarkeit in Glaubens- und Sittenlehre" zugesichert, Unerschütterlichkeit des Glaubensfundaments und Unveränderlichkeit der Wesensstrukturen der Kirche. Die Mächte der Unterwelt werden sie nie überwältigen, ihre Identität nicht *verändern* und verfälschen können. Nicht einmal Petrus selbst, den Jesus unmittelbar nach dieser feierlichen Zusicherung sogar „Satan" nennt (Mt 16,23) und der ihn später verleugnet, kann dies verändern, sondern nur entschlüsseln, aufbauen und vollenden helfen.

Zu dem ökumenischen Hindernis mangelnder begrifflicher Klarheit und Unterscheidung kommt noch hinzu die Überschätzung der Wissenschaft gegenüber dem Glauben (im Sinne der Offenbarung). Offenbarungen Gottes können — schon aus dem Begriff und Verhältnis von Schöpfer und Geschöpf — nur im Zwiegespräch des Gebetes gläubig horchend und gehorchend angenommen werden, nicht aber einfach aus sich selbst entwickelt, erdacht und erschlossen oder kreiert werden, sonst ist Gott nicht Gott. Das wäre und bliebe reine Philosophie oder Metapsychologie, aber keine Theologie. Was Offenbarung ist und wie sie zu verstehen und auszulegen ist, sagt uns die geistgeführte Kirche aufgrund des Wortes Christi, nicht aufgrund eigener Selbstkonstituierung oder des reflexiven Glaubens der Urgemeinde. Was durch die Hirten und Lehrer der Kirche im Auftrag und mit der Vollmacht des empirisch gewordenen Gottmenschen Jesus Christus im Samen des Gebetes, des Wortes Gottes und des Lebensquells der Sakramente ausgesät wird sowie im Leben und Bekenntnis der Gläubigen Frucht bringt, wird durch eben diese Lehrer und Hirten aus aller Welt und Zeit zusammengetragen und zu lebendiger Einheit und Ganzheit integriert mit und durch Petrus, in keinem Fall jedoch ohne oder gar gegen ihn. Ihm kommt die

Aufgabe der Integration der Vielen zu und ihrer Identifizierung mit Christus und seinem geheimnisvollen Leib, der „una, sancta, catholica et apostolica ecclesia". Ihm und den mit ihm in kollegialer Einheit lebenden Bischöfen ist es gegeben und aufgegeben, für die Herde Christi zu erkennen und zu bekennen, was „von oben" ist und was nicht. „Nicht Fleisch und Blut haben dir das geoffenbart", nicht menschliche Intelligenz und Überlegung sind dazu imstande, „sondern mein Vater im Himmel" (Mt 16,17). Hier stoßen alle Möglichkeiten und Methoden der Wissenschaft an unübersteigbare Grenzen, hier hören die subtilsten Analysen und Deutungen der Wissenschaftler und Schriftgelehrten auf, noch gültig und zuverlässig zu sein, hier sind ihre schönsten Theorien nur noch „Fleisch und Blut". Was dann „von oben" mitgeteilt und entschlüsselt wird durch den Beistand des Heiligen Geistes in Einheit und lebendiger Verbundenheit, wird von da an wieder Gegenstand wissenschaftlicher Forschung und Reflexion, jedoch mit einer neuen, göttlichen Valenz, ganz gleich, in welchem Kleid der Zeit es erscheint. Das Erscheinungsbild des „Zimmermanns von Nazareth" hat nicht die Göttlichkeit des Trägers und die Anbetungswürdigkeit seiner hypostatisch vereinigten Naturen verändert oder gar aufgehoben.

Im Eifer für die Wiedervereinigung mit den getrennten evangelischen Glaubensbrüdern sprechen einige katholische Theologen bona fide nicht nur vom „katholischen" Luther — im theologischen, nicht biographischen Sinne —, sondern sogar von einem „unkatholischen *Konzil*" (Tridentinum); andere sprechen von einem Umdenken, daß „uns die trügerische Selbstsicherheit nachtridentinischer Sicht zerbricht."[6] Noch „kritischer" als Pesch und Manns, die hier zitiert wurden, gibt sich W. Kasper, wenn er schreibt: „Dogmen können durchaus einseitig, oberflächlich, rechthaberisch, dumm und voreilig sein."[7] Eine solche undifferenzierte Aussage ist mehr als nur gefährlich. Auf die Konzilsväter bezogen kann dem durchaus zugestimmt werden; auf die Dogmen übertragen, die nach der Definition und Abstimmung sowie der Zustimmung durch Petrus eine neue Qualität bekommen haben, nämlich die der „Offenbarung“ im Sinne von authentischer Interpretation, trifft diese Aussage den, der gesagt hat: „Wer euch hört, der hört mich, und wer euch ablehnt, der lehnt mich ab“ (Lk 10,16). In den Augen der „Klugen und Weisen“ (Lk 10,21) ist natürlich vieles von dem, was den „Unmündigen“ geoffenbart wurde, töricht und dumm. Das weiß auch W. Kasper, dem durchaus ein richtiges Verständnis dieses Textes unterstellt wird. Aber solche renommierenden Aussagen sind Indikatoren für eine dahinter stehende Wissenschaftsgläubigkeit und Überschätzung ihrer Möglichkeiten, ja sogar eines gewissen Unglaubens. Sie versperren das Licht der göttlichen Offenbarung, auf das wir bei unserem Bemühen um die Einheit im Sinne des hohenpriesterlichen Gebetes Christi angewiesen sind.

2. Gedanken über Beiträge und Veranstaltungen zum Lutherjahr.

Kein Lutherjubiläum der letzten Jahrhunderte ist so gefeiert worden wie das hinter uns liegende Jahr der fünfhundertsten Wiederkehr des Geburtstages Martin Luthers. Das hängt vor allem damit zusammen, daß noch nie zuvor solche Möglichkeiten anschaulicher und lebendiger Darstellung gegeben waren wie in den letzten Jahrzehnten durch Presse, Funk und Fernsehen. Aber auch die auffällig starke Beteiligung katholischer Kirchenmänner und Politiker an diesen Veranstaltungen heben dieses Lutherjahr als ein bisher einmaliges Ereignis heraus. Allein von daher möchte man meinen, die ökumenische Bewegung der nachkonziliaren Zeit habe das Interesse an Luther und die Verehrung für ihn verstärkt. In gewisser Hinsicht trifft das auch zu, vor allem für bestimmte katholische Lutherliebhaber, im allgemeinen aber ist genau das Gegenteil der Fall. So bedauert der Erlanger Kirchenhistoriker und Lutherbiograph Walther von Loewenich eine „schmerzliche Lutherfremdheit" bei den evangelischen Theologen,[8] und G. Müller, Bischof der evangelisch-lutherischen Kirche von Braunschweig, beklagt die „Luthervergessenheit" im deutschen Protestantismus der Gegenwart.[9] Vermutlich ist diese Lutherfremdheit und -vergessenheit zumindest teilweise ein Kennzeichen dafür, daß die Betreffenden Luther möglicherweise genauer und vorurteilsfreier gelesen haben als ihre Lehrer und daraus nur ihre Konsequenzen ziehen im Unterschied zum öffentlich gepflegten Lutherbild der kirchlichen Behörden. Höchstwahrscheinlich ist es bewußte Abkehr von Luthers Theologie, mit der sie sich als Aufgeklärte oder Evangelientreue nicht mehr identifizieren können. Echtes Interesse an Luther hat im evangelischen Raum nur ein kleine Gruppe von Fachleuten aus Kirche, Theologie und Wissenschaft, deren persönliche Identität an ein bestimmtes Lutherbild gebunden ist und die mit wachsender Säkularisierung der Gesellschaft und zunehmender Objektivierung der Lutherforschung um diese Identität bangen, da sie diese neu bestimmen müßten. Wenn der EKD-Vorsitzende und Landesbischof E. Lohse bei der Lutherfeier in Nürnberg am Johannistag ausdrücklich hervorhebt, „evangelische Kirche hat weder vor fünfhundert Jahren noch am 31. Oktober 1517 ihren Anfang genommen, sondern mit dem Leiden, Sterben und Auferstehen Jesu Christi", so rührt er damit an einen Komplex, der allen differenzierten und engagierten evangelischen Christen bewußt und unbewußt zu schaffen macht. Die Traumanalyse bei kirchlichen Amtsträgern in der psychotherapeutischen Praxis liefert beispielsweise dafür einiges an Anschauungsmaterial. Da treten Bilder auf vom „Schiffverlassen“, „Bootswechsel“ und „Umsteigen“ u. ä.[10] Die unerwartete Öffnung des II. Vatikanischen Konzils und die Hinwendung zu den getrennten Glaubensbrüdern hat diese Unsicherheit zwar etwas verdrängt, jedoch nicht aufgehoben, wie unter anderem das Beispiel von „Genf“ deutlich macht.[11] Das von Luther gezeichnete Papstbild mit seiner Prophezeiung vom baldigen Ende des „Antichristen“ auf der einen Seite und das weltweit erlebte wirkliche Papsttum der Gegenwart, vor allem die starke und liebenswürdige Persönlichkeit Johannes Paul II., hat viele nachdenklich gemacht, die es mit dem Evangelium wirklich ernst meinen; eine Minderheit hat es verhärtet. Die häufig verdrängte Frage wird wieder lebendig: hat die evangelische Kirche nicht doch erst in Wittenberg begonnen? Das Verbindungsglied zwischen Luther und Christus ist die Heilige Schrift. Diese ist bereits Teil der kirchlichen Tradition und vom Geist durch das Lehramt der Kirche umschrieben. Luther selbst hat mehrmals eingeräumt, daß die Schrift vom Papsttum stammt, „woher sollten wir sie sonst haben?“[12] Zwischen Luther und Christus stehen 219 Päpste. Die Beantwortung der Ursprungsfrage ist nicht nur für die Kirche als Gemeinschaft, sondern in gleichem Maße auch für den einzelnen von Ewigkeitsbedeutung, wenn auch die Rechtfertigung des einzelnen Gläubigen weniger von seiner *institutionellen* Zugehörigkeit zur Kirche abhängt als von seiner *Glaubens-* und *Verhaltenszugehörigkeit* zur „una, sancta, catholica et apostolica ecclesia“.

Die Frage kann auch anders gestellt werden: bin ich evangelisch oder katholisch, weil meine Eltern sich dazu bekannt haben? Bin ich Christ aus Liebe zu Vater und Mutter oder aus echter Überzeugung und Liebe zu Christus? Auch hier gilt das Wort der Schrift: „Wer Vater oder Mutter mehr liebt als mich, ist meiner nicht wert“ (Mt 10,37). Wohnen wir noch immer im Kinderzimmer unserer Eltern, oder sind wir aus „Nazareth" hinaufgepilgert nach „Jerusalem" in das „Haus des Vaters"? „Wußtet ihr nicht, daß ich in dem sein muß, was meinem Vater gehört" (Lk 2,49)? Christus wird uns ganz gewiß einmal die Frage stellen, warum wir in der evangelischen oder katholischen Kirche geblieben sind; weil es „seine" Kirche war oder „unsere", die Kirche unserer Eltern und Verwandten, unserer Ehepartner, Kinder oder Freunde usw. Darum verdienen alle höchsten Respekt und Bewunderung, die aus echter Überzeugung und Liebe zu Christus „ihre" Kirche verlassen haben, weil es nicht die „seine" war, um IHN in „seiner" Kirche zu finden.

Neben der führenden Gruppe der Theologen und Wissenschaftler gibt es die schlichten treuen Gläubigen, die im evangelischen Glauben — der in vieler Hinsicht nicht mehr identisch ist mit dem lutherischen — aufgewachsen und erzogen wurden; die wohl engagiert, aber nicht gleich differenziert sind, ihre Taufe und das Wort der Schrift ernst nehmen, sich bemühen, ihr Leben danach auszurichten und nicht belastet sind durch „Theologie" einerseits und genaue Kenntnis Luthers andererseits. Nietzsche würde ihr Lutherbild eine „Geschichtskonstruktion" nennen, „an welche wir zu glauben angelernt worden sind."[13] Diese Gruppe der Gläubigen macht, wenn man die verschiedenen demoskopischen Erhebungen analysiert, etwa drei Prozent der evangelischen Christen aus.[14] An ihnen erweist sich die lebendige Kraft der Taufe und des ungefilterten Wortes Gottes.

Die weitaus größte Gruppe bilden jene, die sich innerlich weder mit ihrer Kirche noch mit den Anliegen und Fragen Luthers identifizieren, sondern ihn höchstens nach Bedarf vor den Karren ihrer eigenen Ideologien und Interessen

spannen und sich seiner mehrdeutigen Äußerungen bedienen zum Aufbau und Schutz ihres Selbstkonzepts.
Analysiert man die zahlreichen Lutherbiographien und Abhandlungen über Luthers Theologie, so zeigen sich — quer durch die Konfessionen — zwei große Gruppen von Forschern mit unterschiedlichen Ansätzen: die einen gehen von einem im großen und ganzen geschlosssenen, „angelernten" Lutherbild aus und *pro-jizieren* es auf die Daten und Quellen, um ihr Bild zu vervollkommnen; die anderen gehen vom umgekehrten Standpunkt aus, nämlich von den gesicherten Daten und Quellen und *re-ferieren* sowie reflektieren diese in das noch offene Mosaikbild ihrer bisherigen Forschungsergebnisse.
Von den evangelischen Lutherbiographen verdienen vor allem die Werke von H. A. Oberman und Walther v. Loewenich hervorgehoben zu werden. Sie können hier nicht näher besprochen werden. Ein originelles und wegen seiner rechts- und universitätsgeschichtlichen Details mehr als bemerkenswertes Buch über Luthers Jugend- und Studentenzeit stammt von Dietrich Emme, einem Bonner Wirtschaftsjuristen mit historischen und theologischen Ambitionen. Durch sein Interesse an Rechtsgelehrten, die sich literarisch hervorgetan haben, wurde Emme angeregt, sich auch mit Martin Luther zu beschäftigen, der ja ursprünglich nicht Theologie, sondern Jura studieren wollte. Bei Luther interessieren Emme besonders jene Erlebnisse und Geschehnisse, die ihn mit der Rechtssprechung in Berührung gebracht haben. Von den meisten Lutherbiographien kann man bis auf wenige individuelle Besonderheiten sagen: wer eine gelesen hat, hat sie alle gelesen. Alle schreiben im wesentlichen das gleiche und lassen auch das gleiche aus. Emme dagegen macht sich frei von einem „angelernten" Lutherbild und hat den Mut, Wege zu solchen Quellen einzuschlagen, die von anerkannten Lutherbiographen

sorgsam gemieden und umgangen werden, weil sie vermutlich nicht in ihr *Bild* passen. Auf diese Weise hat er Aussprüche und Schriften Luthers wieder ans Licht gebracht, die lange unbeachtet oder unverstanden geblieben sind.[15] Emme's „Entdeckungen" machen eigentlich alle bisherigen Lutherbiographien zur Makulatur; sie müssen neu geschrieben werden.

Theologisch bringen H. A. Oberman, K. Bannach und L. Grane bemerkenswerte neue Aspekte in die Diskussion, auf die im Zusammenhang mit ihrer Kritik an katholischen Lutherforschern zurückzukommen sein wird.

Auf katholischer Seite verdient nach wie vor J. Lortz und seine Schule genannt zu werden. Lortz hat wesentlichen Anteil daran, daß das Eis zwischen den Konfessionen gebrochen wurde, wobei ihm natürlich auch die politischen Umstände im „Dritten Reich" zu Hilfe kamen. Seine Geschichte der Reformation in Deutschland gilt bei den meisten noch als Standardwerk, obwohl die neuere Forschung ihn in wesentlichen Punkten überholt und widerlegt hat, vor allem in Hinblick auf Luthers Theologie und seine philosophischen Voraussetzungen. Mit seinem berühmt gewordenen Satz „Luther rang in sich selbst einen Katholizismus nieder, der nie katholisch war" hat Lortz die Lutherforschung in eine Richtung geführt, die nicht zur Wahrheit hin, sondern von ihr weggeführt hat. So weist Bannach in seinen kritischen Bemerkungen zu Lortz und Iserloh nach, daß Luther seine Theologie in keiner Weise aus Ockham und Biel herleitet.[16] und Oberman bemerkt in seinem Buch „Werden und Wertung der Reformation" (1977): „Jahrhunderte pseudohistorischer Propaganda haben uns mit dem Gedanken vertraut gemacht, daß Kirche und Theologie am Vorabend der Reformation in eine Sackgasse geraten waren, aus der die Wittenberger Theologie die wahre Religion mühsam in die Neuzeit hinüberrettete."[17] Hät-

te Lortz das Verständnis Luthers von der heilsüberflüssigen Liebe (maledicta caritas) richtig erfaßt wie etwa Bultmann,[18] dann hätte er sich wohl schwerlich zu der Äußerung bereit gefunden, „in Luther war eine große Kraft des Betens“, oder wie er ursprünglich schreiben wollte: „Luther war ein großer Beter!“[19] Diesbezügliche Klagen und Fragen von Luthers Frau Katharina an ihren „Doktor Martinus“ legen eine andere Interpretation nahe. „Herr Doktor, woher kommt es, daß wir im Papsttum so warm, eifrig und oft gebetet haben, während nun unser Gebet ohne alle Wärme ist, ja wir selten beten?“[20] Als ehemalige Ordensfrau hatte Katharina von Bora gültige und zuverlässige Vergleichsmaßstäbe. Richtiger wäre es für Lortz gewesen zu schreiben: „In Luther war ein starkes Ringen um den rechten Glauben“ (so wie er ihn aufgefaßt und angestrebt, aber nach eigenem Geständnis nie erreicht hat).
Mehr noch als Lortz trifft die Kritik Erwin Iserloh, den Meisterschüler von Lortz. In der umfangreichen Untersuchung über „Die Lehre von der doppelten Macht Gottes bei Wilhelm von Ockham“ (1975) kommt Klaus Bannach u. a. zu dem Ergebnis, „daß Iserlohs Interpretation der divina acceptatio bei Ockham als reine Willkürmaßnahme Gottes eine Fehlinterpretation darstellt.“[21] Gleiches gilt von der Deutung Taulers und der „Theologia Deutsch“. Taulers mystische Theologie wird von Luther geradezu ins Gegenteil verkehrt, wenn er von „sapientia experimentalis, non doctrinalis“ spricht. Und „Theologia Deutsch“ kann nicht als Beleg für eine noch katholische Theologie bei Luther angeführt werden, wie Iserloh meint. Sie ist mit neuplatonischen Motiven durchsetzt, die „unentwirrbar mit christologischen Motiven vermittelt werden.“[22]
Ebenfalls aus der Schule Lortz ist Peter Manns, der in die gleiche Richtung geht wie Iserloh, mit etwas anderer Akzentsetzung. Rein menschlich gesehen bringt er uns Luther

wohl am nächsten. Wer echte Sympathie oder Liebe für Luther empfinden möchte, liest am besten seine Lutherbiographie, nur sollte er nicht dabei stehen bleiben, sondern sich zu den Quellen weiter durcharbeiten. Manns identifiziert sich so sehr mit Luther, daß man mehr über ihn selbst erfährt als über den wirklichen Luther. Bei seiner „sehr eigenwilligen und narrativen" Darstellung, wie er sie selbst bezeichnet, versteht es Manns in seiner zudeckenden Liebe zu Luther, unliebsame Punkte im Leben des Reformators einfach wegzulassen, oder, wo das nicht möglich ist, sie als Schatten eines um so helleren Lichtes seiner Persönlichkeit zu deuten. Man spürt bei ihm geradezu die einfühlsame und verstehende Liebe zum großen Reformator. Dagegen spricht nicht, daß er ihn sogar einen Häretiker nennt. Er tut dies, um ihn auf diese Weise noch überzeugender zum „Vater im Glauben" kanonisieren zu können. Gleiches gilt von seiner Empfehlung am Schluß seiner Lutherbiographie: „Wer sich an Luther hält, der lebt gut und stirbt noch besser, weil am Ende des dunklen Tunnels jemand steht, der uns lieb hat und auf den wir uns freuen dürfen. Das ist das ökumenische Vermächtnis Luthers, für das wir ihm schlicht danken sollen."[23] Eine einmalige Heilsgewißheit! Dieses Lutherverständnis wird ihm nur von wenigen Lutherfachleuten abgenommen. Zahrnt z. B., evangelischer Theologe, Lutherbiograph, Schriftsteller und Präsidiumsmitglied des Deutschen Evangelischen Kirchentages, lehnt dies entschieden ab. Er ist in bezug auf Luther sehr viel nüchterner. Für ihn ist der Reformator zwar auch ein genialer „homo religiosus", keineswegs aber „Vater im Glauben". Zahrnts Auffassungen lassen allerdings auch sehr deutlich erkennen, wie wenig die „evangelische Welt" unserer Tage im Grunde lutherisch ist. Er glaubt nicht an eine „Vereinigung" der getrennten Christen und wünscht sie nicht einmal aus ganz bestimmten Gründen. Er plädiert für die schon erreichte „Verträglichkeit" der Konfessionen, der er einen realeren und höheren Stellenwert zuerkennt. Im Sinne des hohenpriesterlichen Gebets Jesu dürfte das jedoch wohl nicht ausreichen.

Auf fast gleicher Wellenlänge wie P. Manns liegt der Fries-Schüler O. H. Pesch, katholischer Theologieprofessor an der evangelisch-theologischen Fakultät der Universität Hamburg, von G. Mack „ein schierer Glücksfall für die Lutherforschung" genannt.[24] Pesch fühlt sich Luther wahlverwandt, wodurch sein Ausspruch verständlich wird: „Wer nie die Versuchung verspürt hat, ich muß zur lutherischen Kirche übertreten, der hat Luther nicht wirklich verstanden."[25] Dieser Auffassung muß schon allein aus Gründen wissenschaftlicher Forschungsmethoden widersprochen werden. Über so viel Anpassung hat dann auch der katholische Kirchenhistoriker und Trient-Spezialist Hubert Jedin geäußert: „Wer den ganzen Luther katholisch machen will, der wird selbst Lutheraner."[26] Pesch kann weder eine außergewöhnliche ökumenische Motivation noch eine hervorragende Fähigkeit zur Analyse vorgegebener Texte abgesprochen werden. Er macht aber vor allem einen schwerwiegenden methodischen Fehler, wenn er schreibt: „. . . die wir keine Lutherforschung zu treiben beabsichtigen, sondern den Gesprächspartner so vorstellen möchten, wie er anderswo vorgestellt ist."[27] Was heißt das anders, als daß Pesch seine subtile Analyse der Theologie Luthers auf „anderswo vorgestellte", d. h. doch wohl auf Sekundärliteratur aufbaut, nicht auf die primären Quellen oder Originale selbst; ein Vorwurf, der den meisten Lutherphilen gemacht werden muß, womit sie Luther jedoch nur einen Bärendienst erweisen. Von den primären Quellen aus betrachtet ist es schon fast tragisch zu nennen, daß sie „bei Melanchthon ein verhängnisvolles Defizit feststellen[28], das eindeutig auf Luther zurückgeht. Melanchthon hat den Satz: „Das heißt Christus erkennen, seine Wohltaten erkennen, nicht seine Naturen und die Weisen seiner Inkarnation betrachten" 1521 humanistisch verstanden und in seinen späteren Loci sich gegen Luthers Naturen- und Inkarnationslehre gewendet. Bultmann aber hat diesen Satz zum Prinzip seiner Exegese gemacht[29].

Theobald Beer geht einen eigenen Weg in seinem brillanten Werk „Der fröhliche Wechsel und Streit" (1980[2]) sowie einer Reihe kleinerer Arbeiten.[30] In seinem Buch befaßt sich Beer vor allem mit dem ersten theologischen Entwurf Luthers aus den Jahren 1509-1511, der in seinen Randbemerkungn zu den Texten von Augustin und Petrus Lombardus seinen Niederschlag gefunden hat. Beer besitzt etwa fünfhundert Mikrofilme der eintausendfünfhundert Randbemerkungen Luthers zu Augustin und Petrus Lombardus, die in der Ratsschulbibliothek in Zwickau aufbewahrt werden. Sachlich und formell sind nach seiner Auskunft diese Randbemerkungen zum Teil in den Disputationen von 1535-1545 wieder aufgegriffen und so auch in der „Weimarer Ausgabe" wiederzufinden. Es dürfte wohl kaum einen Lutherforscher geben, der sich über so lange Zeit so umfassend und gründlich mit der Theologie Luthers von seinen Anfängen an auseinandergesetzt hat wie Beer. Niemand, der sich mit Luther wissenschaftlich beschäftigt — zumindest theologisch —, kann an dieser subtilen Analyse der Theologie Luthers und seiner philosophischen Hintergründe vorbeigehen. Beer ist es gelungen, in über vierzigjähriger Kleinarbeit so etwas wie ein Schaltzentrum oder den archimedischen Punkt der philosophisch-theologischen Arbeit Luthers aufzudecken und einsichtig zu machen. Nach ihm gibt es streng genommen keine „reformatorische Wende", da Luther von Anfang an die Weichen in seine (häretische) Richtung gestellt hat, die für ihn typisch war aus Gründen, die in seiner Persönlichkeit zu suchen sind. Diese Abwei-

chung wird nur später erst offensichtlich. Nach den Forschungsergebnissen Beers muß Luther die ersten Jahre im Kloster, das er mehr als Asyl denn als überzeugt gewählte Lebensweise empfunden hat, zu einem sehr intensiven Studium der Patristik und Scholastik genutzt und schon zu dieser Zeit die Grundannahmen seiner *Verzweiflungs-* und *Rechtfertigungstheologie* festgelegt haben. Aber auch psychologisch betrachtet führt Beer durch seine Ergebnisse an den Kern der Persönlichkeit Luthers heran: sein Gottes-, Welt- und Selbstverständnis, seine Vorstellungen von Erlösung und Heil, von Christus, dessen *hypostatische Union* er zu einer *addierten* herabmindert und dadurch entgöttlicht, auch wenn er die Gottheit Christi verbal vehement verteidigt.
Ein ähnlich außergewöhnliches Werk ist auch das etwas ältere Buch des Religionswissenschaftlers und Konvertiten Paul Hacker „Das Ich im Glauben bei Martin Luther" (1966), das vor allem den Begriff und das Erlebnis des Glaubens bei Luther aus seiner damals einmaligen Sicht analysiert. Nach Josef Ratzinger, der das Vorwort dazu geschrieben hat, fand Hacker „die eigentliche reformatorische Wende in der Veränderung der Grundgestalt des Glaubensaktes und hat sich leidenschaftlich der Theorie des Mißverständnisses wie allen Konvergenz- und Komplementaritätsideen entgegengestellt."[31]
Mit Beer und Hacker konform geht aus historischer Sicht der Jedin-Schüler Remigius Bäumer, der breiten Öffentlichkeit besonders bekannt geworden durch die „Kleine Kirchengeschichte", die aus Anlaß des Papstbesuches in Deutschland herausgegeben wurde. Darin hat Bäumer den Abschnitt über „Das Zeitalter der Glaubensspaltung" geschrieben, der ihm sachlich unbegründet viele Schmähungen in den Medien einer bestimmten Seite eingebracht hat. Bäumer ist durch zahlreiche wissenschaftlich fundierte und ausgewogene Arbeiten in Fachkreisen bekannt und aner-

kannt. Die äußerst sensiblen Reaktionen auf seinen genannten Beitrag können als Zeichen dafür gewertet werden, daß die Bemühungen um die Einheit im Einflußbereich vieler Theologen noch nicht genügend Tiefgang erreicht haben. Auf *religiöser* Ebene, die nicht mit theologischer zu verwechseln ist, dürfte der Boden weitaus besser bereitet sein. Von dorther dürfte auch die endgültige Einheit im wesentlichen zu erwarten sein, vermutlich sogar erst im Schmelztiegel einer neuen allgemeinen Verfolgung der Christen.
Eine Zwischenposition zwischen den drei Letztgenannten und den „katholischen Lutheranern" nimmt Alfred Läpple ein in seinem katechetisch lobenswerten Buch „Martin Luther, Leben, Bilder, Dokumente" (1982), das vor allem die katholische Atmosphäre der Kindheit und Jugendzeit Luthers recht gut einfängt. Läpple kennt jedoch weder die Arbeiten von Beer noch von Emme und ebenso nicht die erwähnten Abhandlungen von Hacker, Bannach u. a., zumindest erwähnt er sie nicht, was den Gültigkeitsgrad seiner Lutherbiographie erheblich einschränkt.
Erwähnenswert und zum vertieften Lesen zu empfehlen ist noch eine kleine Abhandlung von Meinolf Habitzky über „das wahre Sein ‚*in Christus*'", in der der Verfasser aus der DDR die Frage stellt: „Haben Katholiken und Protestanten das Credo wirklich gemeinsam?" Habitzky arbeitet darin mit seltener Klarheit und Tiefe die unterschiedlichen Auffassungen über die Hauptesgnade (gratia capitis) heraus. Es bedarf keiner umfangreichen Bücher, um an den Wesenskern evangelischer und katholischer Kontroverstheologie zu gelangen. Habitzky beweist es. Nach der Lektüre dieser Abhandlung drängt sich unwillkürlich die ernste Frage auf: Was haben wir außer der Sprache und dem Namen eigentlich wirklich gemeinsam? Im harten Ringen um die Einheit geht es schon um Sein oder Nichtsein. Luthers Begriffe und Vorstellungen nehmen aus der Sicht der katholischen Gna-

denlehre dem Evangelium in der Tat die „frohe“ Botschaft, die „Herrlichkeit der göttlichen Gnade“.[32]

Neben den literarischen Beiträgen über Luthers Leben und Lehre gab es zum Lutherjubiläum noch eine kaum überschaubare Anzahl von Festansprachen sowie filmische Darbietungen und Museumsausstellungen usw. In den Reden wurde vor allem Luthers Wirken und seine Wirkung in den Mittelpunkt der Betrachtungen gesetzt und versucht, einen Bezug zur Kirche und Gesellschaft der Gegenwart herzustellen. Als erstaunlich und menschlich nicht mehr zu erklären wurde immer wieder betont, daß das verborgene individuelle Ringen eines unscheinbaren Mönches aus Wittenberg um einen „gnädigen Gott“ zum Ausgangspunkt der folgenschwersten Spaltung und Zerstreuung der gesamten Christenheit wurde und damit einer Veränderung der Welt, wie sie ihresgleichen sucht in der Geschichte. Ein sündengeplagter unbekannter Mönch wird Aufsteiger und macht Weltgeschichte, wie es die Mächtigen nicht vermochten; wagt es, gegen die „Weltmächte“ Papst und Kaiser anzutreten, gestützt auf sein „Gewissen“ und das Wort der Schrift (so wie er beide versteht), im Rücken die ihn stärkenden und vermutlich auch erpressenden Reichsritter und einige Landesfürsten.[33] „Wenn ich nicht mit Zeugnissen der Schrift *oder* mit offenbaren Vernunftgründen besiegt werde, so bleibe ich von den Schriftstellen besiegt, die ich angeführt habe, und mein Gewissen bleibt gefangen in Gottes Wort. Denn ich glaube weder dem Papst noch den Konzilien allein, weil es offenkundig ist, daß sie öfters geirrt und sich selbst widersprochen haben. Widerrufen kann und will ich nichts, weil es weder sicher noch geraten ist, etwas gegen sein Gewissen zu tun. Gott helfe mir, Amen.“[34]

Dieser Ausspruch Luthers vor dem Kaiser in Worms, sein im Grunde die Schrift abwertender Gewissensbegriff (*oder* ffenbaren Vernunftgründen), verändert die Welt. Von an wird sich jeder auf sein „Gewissen“ berufen, was auch darunter verstehen mag. Für Luther ist es gebunden an Zeugnisse der Schrift *oder* an offenbare Vernunftgründe, wobei er nicht zu sagen vermag, wer bei unterschiedlicher oder gar widersprüchlicher Schriftauslegung die richtige, gottgewollte Auslegung trifft oder wer bei unvereinbaren Auffassungen über „offenbare Vernunftgründe“ dann wohl die vernünftigste, die wahre hat. Gewissen kann und darf nicht ins Feld geführt werden bei der Frage, ob etwas *richtig* oder *falsch* ist — das verbietet schon die „Normalverteilung“ (Gaußsche Kurve) der Intelligenz oder Talente —, sondern nur, ob etwas sittlich *gut* oder *böse* ist. Das Gewissen ist im Grunde der individuelle Maßstab der Gottes- und Nächstenliebe, die nicht nur an allgemeinen Sollwerten gemessen wird, sondern nach dem je eigenen Maß unseres Herzens, unserer Seele und unserer Kraft (Mt 22,37). Christus gibt uns ein Beispiel seines Gewissens als Orientierungsmaßstab für uns und zwar bei seinem Leiden im Garten Getsemani, das aller Vernunft des Menschen offenkundig widerspricht: „. . . doch nicht wie ich will, sondern wie du willst“ (Mt 26,39). Im Hinblick auf Luthers Gewissensverständnis hat W. Scheel recht, wenn er bei der Lutherfeier in Nürnberg zu der Schlußfolgerung kommt: „Es ist wohl nicht zu kühn zu behaupten, daß von der Deutschen Reformation alle späteren Revolutionen ihren Ausgang genommen haben: die Amerikanische, die Französische, die Russische, die Chinesische, um nur die wichtigsten zu nennen.“[35] Hinzufügen müßte man noch die vielen konfessionellen „Revolutionen“, die Zerstreuung und Spaltung der Christenheit in über dreihundert „Kirchen“ oder Glaubensgemeinschaften.

Bei der Frage nach der Bedeutung Luthers für unsere Zeit ist das Spektrum der Antworten so breit wie die Standpunkte der verschiedenen Redner. Die einen heben Luther als großen Bibelübersetzer und Sprachschöpfer oder Liederdichter hervor, die anderen als vorbildlichen Familienvater, Prediger und Katechet, als Berufsethiker, Regentenberater usw. Als herausragendste Eigenschaft wird sein religiöses Engagement angesehen. Luther erscheint als das *religiöse Genie*, in dessen Leben die Frage nach Gott — im Unterschied zu unserer säkularisierten Zeit — die alles überragende und durchdringende Existenzfrage war. Die Existenz Gottes und des Teufels, des Bösen in Person, war für Luther keine Frage, sondern Gewißheit, wenn sich auch Glaube und Aberglaube von den Tagen seiner Kindheit an bei ihm die Waage hielten. Bei der Einschätzung Luthers als „religiöses Genie" ist eine bereits oben gemachte kleine Unterscheidung angebracht, die in seinem Fall nicht übersehen werden sollte, nämlich daß es etwas anderes ist, *religiös* oder *theologisch* engagiert zu sein. Religiöses Engagement zielt auf die Vereinigung mit Gott und erfaßt den ganzen Menschen mit all seinen leibseelischen Funktionen, theologisches Engagement ist als solches beschränkt auf die Befriedigung einer bestimmten kognitiven Neugier, wie sie dem Wissenschaftler als solchem eigentümlich ist. Sie kann unter Umständen völlig „gottlos" sein.

Bei der Beurteilung der beiden Lutherfilme (Martin Luther, im ZDF gesendet am 1. und 3. April 1983; Bruder Martin, im ARD gesendet am 9. und 13. November 1983) müssen mehrere Aspekte berücksichtigt werden: der künstlerische, der publikumswirksame und der historische. Solche knappen Darbietungen machen eo ipso immer eine Auswahl unumgänglich, nur sollte diese „Stichprobe" aus dem Leben des Dargestellten möglichst repräsentativ, zumindest aber nicht im Widerspruch zu den historischen Fakten stehen, vor allem dann, wenn sie einem so breiten und historisch wie theologisch unbedarften Publikum wie den Fernsehzuschauern vorgeführt wird. Den Schauspielern ist es gut gelungen, vor allem Lambert Hamel in „Martin Luther“, Bewunderung für Luther und Verständnis für seine Anliegen zu wecken, die ihn und seine Zeit bedrängenden Probleme lebendige Gegenwart werden zu lassen. Besser als Hamel hätte wohl kaum einer das gewünschte Lutherbild darstellen können, auch von seiner Konstitution aus gesehen. Die Auswahl des Drehbuchs war jedoch sehr geschönt und einseitig, was meistens ein Zeichen großer Unsicherheit ist. Sie war im Grunde eine „Geschichtskonstruktion“ im Sinne Nietzsches, die ausschließlich auf Erbauung eines gläubigen oder gläubig zu machenden Publikums bedacht war. So etwas schlägt bei Übertreibung leicht ins Gegenteil um. Der ARD-Film „Bruder Martin“ unter der Regie von Jean Delannoy besitzt zwar hohen filmkünstlerichen Wert, lutherbiographisch aber ist er eine noch größere Zumutung als der ZDF-Film.

3. Luthers Leben und Persönlichkeit

Wer sich intensiv mit Luthers Leben und Werk auseinandersetzt, wird hin- und hergerissen zwischen Bewunderung, Entsetzen und Mitleid, letzteres vor allem dann, wenn einem — zunächst auch ohne Kenntnis psychiatrischer oder psychoanalytischer Abhandlungen über ihn — evident wird, daß in seiner Person ein geradezu klassischer Fall *manisch-depressiven* Krankseins erscheint, also eine Psychose, was immer auch dagegen eingewandt werden mag. Luthers Persönlichkeit empfiehlt sich von selbst zum Paradigma eines Lehrbuchs der Psychopathologie, um daran zu veranschaulichen, was manisch-depressives Kranksein bedeutet. Darüber soll jedoch in einem eigenen Kapitel ausführlicher gesprochen werden.

Luthers Lebenslauf kann hier nur skizziert werden und

auch nur, soweit er psychologisch aufschlußreich ist. Im übrigen muß auf die biographischen Quellen verwiesen werden. Über seine Herkunft sagt Luther selbst: „Ich bin eines Bauern Sohn. Mein Urgroßvater, Großvater und Vater sind rechte Bauern gewesen."[36] Die stereotyp immer wiederholte Behauptung aller Lutherbiographen, daß nach dem Thüringer Erbrecht nicht der älteste, sondern der jüngste Sohn den väterlichen Hof erbte, und Luthers Vater deshalb von Möhra nach Eisleben ausgewandert sei, ist schlicht falsch, wie Emme eindeutig aus rechtsgeschichtlichen Quellen nachgewiesen hat.[37] Luthers Vater war Bauer und Erbe des väterlichen Hofs. Der wahre Grund seines Wegziehens dürfte in der von G. Witzel[38] mehrmals erwähnten und nicht widersprochenen Tatsache liegen, daß er im Streit einen Bauern, „der ihm im Grase hütete, mit seinem eigenen Pferdezaum totgeschlagen" hat,[39] und deshalb notgedrungen seine Heimatgemeinde Möhra verlassen mußte. Aussagepsychologisch ist bemerkenswert, daß nicht nur allgemein behauptet wird, Luthers Vater habe einen Mann erschlagen, sondern genau mit Angabe der Umstände: einen Bauern, der ihm im Grase hütete und zwar mit seinem eigenen Pferdezaum. Selbstverteidigung mit Todesfolge war damals zwar auch straf- und verfolgungswürdig, jedoch nichts so Außergewöhnliches und darf darum nicht mit heutigen Maßstäben gemessen werden, zumal der männliche Ehrenkodex jener Zeit als ungeschriebenes Gesetz mitbedacht werden muß. Für die Beurteilung Luthers ist sowohl dieser Vorfall wie auch die späteren Rechtshändel seines Vaters Hans Luder von traumatischer Bedeutung, obgleich er da noch nicht geboren war. Luthers Vater Groß-Hans und dessen jüngerer Bruder Klein-Hans, der ihm nach Mansfeld nachgezogen kam, neigten zu Jähzorn und Handgreiflichkeiten, weshalb die Luders hin und wieder gerichtlichen Ärger bekamen. Dies dürfte mit ein wesentliches Motiv des

Vaters gewesen sein, seinen auffällig begabten Sohn Martin Jura studieren zu lassen, um einen kompetenten Rechtsgelehrten in seiner Familie zu haben, ganz abgesehen von den damit verbundenen gesellschaftlichen Aufstiegsmöglichkeiten.

In Eisleben, wo Martin Luther am Tag vor dem Martinsfest 1483 aller Wahrscheinlichkeit nach geboren wurde und in Mansfeld, wohin Luthers Eltern ein Jahr später übersiedelten, wurde Hans Luder „Bergbauer" und Hüttenmeister im Kupferbergbau und entwickelte sich so zu einem typischen Aufsteiger. Dieser, man könnte fast sagen, traumatisierte Aufstiegsdrang seines Vaters und der entschlossene Wille, aus seinem Sohn Martin etwas Großes zu machen, wurde für Luthers Selbstkonzept von fundamentaler Bedeutung, das später noch durch seine Lehrer und Bewunderer, vor allem den Prior und Generalvikar des Ordens v. Staupitz, entscheidend verstärkt wurde. Luther ragte immer heraus: aus der Reihe der Geschwister, der Mitschüler, der Studenten, im Kloster und wo auch immer, hin und wieder auch mit etwas aggressiver Nachhilfe, wenn es nicht anders ging. Die Erziehung Luthers war, mit heutigen Maßstäben gemessen, sehr streng, nach damaligem Brauch und bis in die erste Hälfte unseres Jahrhunderts jedoch landesüblich und zeitgemäß, also keineswegs außergewöhnlich. Luthers Verhältnis zu seinem Vater war etwas herzlicher als das zu seiner Mutter; er identifizierte sich geradezu mit ihm und seinen Plänen, die er mit ihm hatte, auch wenn er schon mal hart gezüchtigt wurde. Vom Vater weiß man, daß er bei seinen Kindern auf dem Bett saß und mit ihnen das Nachtgebet verrichtete. Über Luthers Mutter ist wesentlich weniger bekannt, was sicherlich auch damit zu erklären ist, daß beide Eltern überhaupt oder lange nicht lesen und schreiben konnten. Eine mehr als deutliche Auskunft über die Mutter liefert uns aber die Tatsache, daß sie neun oder zehn

Kindern das Leben geschenkt hat. Nach den wenigen Angaben über sie und nach der Physiognomie ihres Portraits (von Lukas Cranach, 1527) war sie introvertiert, melancholisch, streng und einfach ausgezehrt. Luther erwähnt von ihr einen Liedvers, den sie wiederholt gesungen oder aufgesagt hat: „Mir und dir ist keiner hold, das ist unser beider Schuld."[40] Wenn man das traumatische Ereignis von Möhra und die ungewollte Auswanderung nach Eisleben und Mansfeld bedenkt, könnte man zu der Schlußfolgerung kommen, daß es sich um einen selbstverfaßten Vers handelt, den sie sich und ihrem Mann hin und wieder vorgesungen hat.

Die Strenge der elterlichen Erziehung, die zwar zeitgemäß und landesüblich war, kann bei der sensiblen Konstitution des jungen Martin eine besondere Bedeutung für seine später ausgebrochene Krankheit angenommen haben, wie aus dem gegenwärtigen Stand der Forschung über Depressionen klar ersichtlich ist. In einer Tischrede von 1532 berichtete Luther einmal: „Mein Vater stäupte mich einmal so sehr, daß ich ihn floh und daß im bange war, bis er mich wieder zu sich gewöhnt."[41] Weglaufen von zu Hause aus Angst oder Folge von Strafe kommt zu allen Zeiten immer wieder vor, hauptsächlich in der Pubeszenz. Vermutlich ist Luther damals in eines der nahegelegenen Klöster davongelaufen, wie das folgende Tischgespräch von 1537 schließen läßt: „Meine Mutter stäupte mich einmal um einer einzigen Nuß willen, daß das Blut hernach floß. Und ihr ernst und gestreng Leben, daß sie mit mir führten, das verursachte mich, daß ich zuletzt in ein Kloster lief. Wiewohl sie es herzlich gut gemeint haben, ward ich doch allzu erschrockenen Gemüts. Sie wußten nicht zu unterscheiden, wie meine Art und Sinn war."[42] Dieses „daß ich zuletzt in ein Kloster lief" wird immer nur in bezug auf Luthers späteren Klostereintritt (1505) gedeutet, was keineswegs zwingend, ja nicht einmal wahrscheinlich ist. Dieses kindliche Weglaufen in ein Kloster als Asyl hat ihn vielleicht erst die Möglichkeit erleben lassen zu einer beruflichen Alternative in einer ausweglosen Situation, was später zu erläutern ist. Luthers schulische Bildung begann schon sehr früh, begründet durch seine herausragende Begabung und den Aufstiegs- und Rechtfertigungsdrang seines Vaters, der einiges zu kompensieren versuchte. Mit vier Jahren nahm der kleine Martin bereits an einer Art Elementarschule in Mansfeld teil, besuchte anschließend die Lateinschulen in Eisleben, Magdeburg und Eisenach. Seine besondere Begabung lag im sprachlichen Bereich, die ihm später auf der Universität zu seiner Brillanz in der Kunst des Disputierens verhalf. Mathematik lag ihm gar nicht, er beherrschte nicht einmal die vier Grundrechnungsarten. Luthers Denken war erlebnisbestimmt und ganzheitlich, was auch seine Publikumswirkung erklärt. Bei mehr Verständnis für das Wesen und die Funktion der Zahl wäre er vielleicht auch nie zu der Absolutheit seiner vier „sola“ (der Glaube allein etc.) gekommen.

Eine psychologische Schlüsselfrage für das Verständnis Luthers ist die Frage nach dem *Motiv* seines plötzlichen Ordenseintritts. Sie ist nur zu beantworten aus der Kenntnis seines vorhergehenden Erlebens und Verhaltens. Das immer wieder von allen Biographen angeführte Gewitter-Erlebnis von Stotternheim hat psychologisch gesehen keinen Motivcharakter, sondern lediglich die Qualität eines auslösenden Anlasses, einer den Kreis schließenden Situation. Vorausgegangen sind Erlebnisse und Verhaltensgewohnheiten, die aktualgenetisch diese letzte Entscheidung vorbereitet haben. Luther dachte als Student nicht im entferntesten daran, Mönch zu werden; dafür identifizierte er sich viel zu sehr mit der Einstellung und den Plänen seines Vaters, der zudem Mönche nicht gut leiden mochte. Luthers permissives Studentenleben war ebenfalls nicht dazu angetan, als Vorbereitung für ein Leben hinter Klostermauern zu dienen. Das Studium der Rechte stand außer Frage. Sein Vater hatte ihm noch im Jahr seines Ordenseintritts nach dem Magisterexamen das teure „Corpus iuris civilis" gekauft, und er selbst war noch kurz zuvor in Gotha gewesen und hatte sich dort angeblich Bücher für sein Jura-Studium gekauft, wie Jonas in einer handschriftlichen Notiz bezeugt.[43]

Als Student war Luther nicht gerade ein Kind von Traurigkeit wie später. In einem Brief an Braun (Vikar in Eisenach und vermutlich vorübergehend Beichtvater Luthers) sagt er von sich selbst: „Durch Völlerei und Trunkenheit gehindert, dürfte ich bisher sehr wenig Gutes geschrieben oder gelesen haben, da ich bei den Menschen angesiedelt, mit den Menschen herumgewirbelt wurde. . ."[44] Unter den Studenten gehörte Kneiperei zum Lebensstil, wie Emme schreibt, trotz an sich strenger Vorschriften der Studentenbursen. Auch Luther trank und disputierte gern und viel und „war noch eitel heiße Jugend in ihm", wie er in der seinem Vater gewidmeten Vorrede zu seiner Schrift über die Ordensgelübde ausführte. Und wenn er ganz Erfurt einmal „ein hurhauß und birhauß" nannte, meinte er damit nicht nur die anderen. H. Emser (nach der Leipziger Disputation 1519 ein Gegner Luthers), dem Luther einmal wegen eines Briefes Vorhaltungen gemacht hatte, antwortete darauf: „Was war es nötig, daß du wegen eines Briefes, der über dich die Wahrheit sagt, mir ehemalige Fehltritte und noch dazu angedichtete vor der großen Öffentlichkeit vorhältst. Was meinst du wohl, daß mir von deinen eigenen Schandtaten zu Ohren gekommen ist! Daß auch du gefallen bist, das glaube ich derselben Ursache zuschreiben zu müssen, die mich zum Fallen gebracht hat: dem Aufhören jeder öffentlichen Zucht in unseren Tagen, wodurch Jünglinge ungestraft, wie sie wollen, leben und sich alles erlauben können."[45] Und H. Dungersheim (Professor in Leipzig und Gegner Luthers) klagt ihn wegen seines „Bubenlebens" (Hurerei, Sauferei, schändliches Leben) an: „Also hott dich deyn buben leben vorblendet / dastu selber nicht weyst was du lallest." Er sei „in büberey gar ersuffen". Dungersheim erwähnt weiter Luthers Erfurter „Kebsweib" und weiß sogar von „Kebskindern" Luthers zu berichten, was jedoch wegen der Polemik mit Vorsicht zu betrachten ist.[46] Nach Melanchthon bekennt Luther selbst, daß er „ein großer, schwerer, schändlicher Sünder" gewesen sei und er seine „Jugend auch verdammlich zugebracht und verloren habe" und daß es, außer den Versuchungen der Wollust, hauptsächlich Regungen des Zornes, des Hasses und des Neides gewesen seien, die er nicht zu überwinden vermocht habe.[47]

Aus Reue über diese Jugendsünden ist Luther nicht ins Kloster gegangen, zumal diese Verhaltensweisen unter Studenten an der Tagesordnung waren. Als verdrängte Hintergrunderlebnisse wirkten sie jedoch unbewußt weiter und bekamen wieder Gewicht im später auftauchenden Schuldbewußtsein, vor allem in der Zeit, in der er an krankhaft tiefen Depressionen litt und um einen „gnädigen Gott" gerungen hat. Sie haben sicherlich mit dazu beigetragen, daß seine manisch-depressive Anlage in seinem dritten Lebensjahrzehnt zum Ausbruch kam. Bei seiner starken Aversion gegen die „Messe", die bereits bei seiner Primizfeier offenkundig wurde, spielten die Nachwehen dieses früheren studentischen Lebensstils eine unübersehbare Rolle.

Den entscheidenden Anstoß zu seinem plötzlichen Eintritt ins Kloster erhielt Luther jedoch ungewollt durch die Tötung eines Studienfreundes im Zweikampf, die ihn der Verfolgung durch die Justiz aussetzte, zumal auf Totschlag im allgemeinen die Todesstrafe stand. In seiner dokumentarischen Darstellung der Jugend- und Studienzeit Martin Luthers hat D. Emme die These vertreten, „daß Luther am 17. Juli 1505 in das Erfurter Kloster der Augustiner-Eremiten eintrat, weil er mit an Sicherheit grenzender Wahrscheinlichkeit einen Studienkameraden getötet hatte."[48] Diese höchste Wahrscheinlichkeit, die Emme in den ersten drei Auflagen seines Buches vertritt, wurde durch zusätzliche Belege aus Luthers Tischreden verifiziert, auf die Emme gestoßen ist. Da diese wieder ans Tageslicht geförderten Zitate aus Luthers Tischreden nur im Zusammenhang mit den bisher bekannten Stellen verständlich werden, muß erst noch auf diese zurückgegriffen werden, zumal Luther ja diese Tötung nicht klar und direkt im Sinne eines gerichtlichen Geständnisses mit Nennung des Namens und der Umstände zugegeben hat, sondern im Sinne einer Gewissensentlastung und der Begründung seines Ordenseintritts. Genauere Angaben waren ihm verwehrt aus Gründen gerichtlicher Verfolgung und wegen seines Vorbildverlustes gegenüber seinen Anhängern. Obwohl Luther eine unhaltbare Lügentheorie vertrat („Was were es, ob einer schon um Besseres und der christlichen Kirchen willen eine gudte stargke Lugen thet?"[49] oder: „Gegen die Trügerei und Schlechtigkeit des Antichristen-Papsttums halten wir uns alles wegen des Heils der Seele erlaubt."[50] Von der Nutzlüge sagt Luther, daß sie Pflicht sei — debet fieri —, von der Scherzlüge, daß sie geschehen darf — potest fieri), konnte er doch nur sehr schlecht etwas verschweigen. Wo er etwas verschwieg oder verschleierte, ist er im Grunde viel beredter und enhüllender als auf vielen hundert Seiten seines Redeflusses. Alles, was ihn beeindruckte und bewegte, wurde bei ihm sofort zu Sprache; er hatte „das Herz auf der Zunge", am meisten dort, wo er etwas nicht wahrhaben wollte, aber doch irgendwie verarbeiten mußte.

Aufschlußreich ist in diesem Zusammenhang zunächst eine

Tischrede Luthers vom November 1531, in der es heißt: „Als er (Luther) nach Hause wanderte von (Erfurt nach Mansfeld), verletzte er sich mit der Spitze seines Degens durch einen unglücklichen Zufall die Schlagader seines Unterschenkels. Es war eine einsame Stelle, etwa so weit von Erfurt wie Eutzsch von Wittenberg. Zum Glück begleitete ihn ein Studienfreund. Er (Luther) erlitt einen grausamen Blutverlust. Beim Abklemmen der Ader mit dem Daumen schwoll ihm der Schenkel bedrohlich an. Endlich brachte der Freund einen Chirurgen aus der Stadt herbei, der verband die Wunde. Da schrie er in seiner Todesangst: ‚O Maria hilf! Da wäre ich' — sagte er —, auf Maria dahingestorben.' In der Nacht darauf brach die Wunde wieder auf. Er wurde ohnmächtig und rief noch einmal Maria an. Das war an einem Dienstag nach Ostern (des Jahres 1503)", also am 18. April.[51] Die Bemerkung Luthers, daß er sich mit der Spitze seines Degens, der in einer harten Lederscheide steckte, „durch einen unglücklichen Zufall die Schlagader des Unterschenkels" verletzt habe, ist nach den Kriterien der Gerichtspsychologie als schlichte Schutzbehauptung oder Nutzlüge zu bewerten.[52] Mit an Sicherheit grenzender Wahrscheinlichkeit ging dieser Verletzung ein Zweikampf voraus, bei dem Luther der fast tödlich Verletzte, eindeutige Verlierer war. Sein Kontrahent war höchstwahrscheinlich sein Studienfreund und Landsmann Conradus Wigant. Bei der Aufnahme in die Studentenburse „Himmelspforte" mußten alle unter Eid zusichern, Meinungsverschiedenheiten nicht mit Waffengewalt zu lösen. Zu genau der Zeit nun mußte Luther, wie Emme nachweist, die Himmelspforte verlassen und wohnte von da an in der „Georgen-Burse" für arme Studenten. Sein siegreicher Weggefährte Conradus Wigant jedoch taucht seitdem nicht mehr in den Registern der Artistenfakultät auf, hat den Magistergrad nicht erlangt, mußte wahrscheinlich wegen des verbotenen Zweikampfes mit schwerer Körperverletzung die Universität verlassen. Dieses Erlebnis Luthers muß, unabhängig davon, wer dieser Freund war, der ihn begleitete, im Hinblick auf das Klostereintrittsmotiv und die späteren schweren Depressionen festgehalten werden. Die damals erlittene Beinverletzung hat Luther bis in seine letzten Tage arg zugesetzt.

Durch den Zweikampf hatte Luther sich schuldig gemacht und sich zum ersten Mal die Strafe der Exkommunikation zugezogen. Davon konnten nur Beichtväter mit besonderen Vollmachten absolvieren. Vielleicht hat Luther in diesem Zusammenhang den ersten persönlichen Kontakt mit dem Augustinerkloster gehabt. Auf den Gedanken, sein Studienziel zu ändern, ist er damals sicher nicht gekommen, wie der viel spätere Kauf juristischer Studienbücher nahelegt. Studium und Lebensstil wurden fortgesetzt, wenn auch etwas weniger vornehm und angesehen als in der Himmelspforte. Anfang des Jahres 1505, vermutlich am 7. Januar, bestand Luther mit sechzehn anderen Kandidaten das begehrte Magisterexamen. Bei solchen Prüfungsdisputationen ging es „um Kopf und Kragen, denn das Abschneiden bei den Disputationen entschied nicht nur über Bestehen und Nichtbestehen der Prüfung, sondern auch über die Rangordnung (locatio) innerhalb der Fakultätshierarchie und die davon abhängige Erlangung von Pfründen, Stipendien und Kollegiaturen, kurz: über mehr Geld und höheres Ansehen. Nicht selten wurden Wortgefechte der Studenten, insbesondere im Anschluß an Examensdisputationen mit Waffen fortgesetzt. Es konnte dann geschehen, daß die handgreiflichen Auseinandersetzungen einen tödlichen Ausgang nahmen. Deshalb mußten die Examenskandidaten vor Ablegung einer Prüfung schwören, sich nicht wegen ihrer Plazierung im Anschluß an eine Prüfung zu rächen."[53] Im Anschluß an das Magisterexamen, an dem auch Martin Luther teilnahm, starb noch vor der feierlichen Einführung in das Magisteramt Hieronymus Buntz, einer der siebzehn Kandidaten und Freund Luthers. Im Dekanatsbuch der Artistenfakultät wurde durch den Prüfungsvorsitzenden Maternus Pistoris hinter den Namen „Hieronymus Buntz de Winßheim" vermerkt: „Nicht promoviert, weil er unmittelbar nach der Zensur an einer Pleuritis (Rippenfellentzündung, Seitenstiche) erkrankt und nicht viel später eines natürlichen Todes starb, gelehrt und fromm."[54]

Nach G. Oergel hat Luther den Tod des Hieronymus Buntz „nie vergessen und später seinen Freunden und Tischgenossen öfter (!) davon erzählt. Nur müssen diese ihn mißverstanden haben, denn wenn er, wie natürlich und wahrheitsgemäß von *Stichen* (Hervorhebung von Oergel) sprach, die sein Freund erlitten, so verstanden sie das von *Dolchstichen* (Hervorhebung von Oergel), die ihm von feindlicher Hand beigebracht worden. So ist die Sage von der Erstechung seines Freundes entstanden."[55] Mißt man diese Aussagen an den Kriterien der Psychologie der Zeugenaussagen,[56] so liegt das Mißverständnis von der „Dolchstoßlegende" nicht bei den Tischgenossen Luthers, die ihn sehr gut verstanden haben, sondern bei Oergel. Hieronymus Buntz ist an den Folgen von „Seitenstichen" gestorben, aber nicht an einer normalen Pleuritis, sondern an denen eines Dolches. Im Unterschied zu dem Zweikampf mit Wigant, der mit dem Degen ausgetragen wurde, ist hier von einem Dolch die Rede und von einer „feindlichen" Hand. Dieser Kampf hatte die Qualität einer zornwütigen Messerstecherei, während der Zweikampf mit dem Degen weniger affektbesetzt war. Vielleicht durfte Luther nach dem Kampf mit Wigant keinen Degen mehr tragen? Da der Tod des Hieronymus Buntz nicht unmittelbar erfolgte, konnte er verschleiert und als mehrdeutige Pleuritis deklariert werden. Nur Eingeweihte wußten, daß er im Affekt durch „Ungeschicklichkeit“ hervorgerufen worden war. Nach und nach sickerten die wahren Umstände über die „Rippenfellentzündung“ oder „Seitenstiche“ durch, zumindest im engsten Bekanntenkreis, und brachten Luther in äußerst schwere Bedrängnis. Dungersheim hielt Luther später seine „Ungeschicklichkeit“ vor, indem er schreibt: „O Luther dhu sollest nicht anderleuth noch deyner ungeschicklichkeit richten / von der man sagt / wie angebē sol haben / dere dich bis fur dy pfortē des Augustiner closters zu Erforth geleyttet hott / das ich nhu losse / Nhu wy dem allem.“[57] Er gibt hier also als Grund für Luthers Eintritt ins Kloster dessen „Ungeschicklichkeit“ an, unterstellt ihm damit keine böse Absicht. Aller Wahrscheinlichkeit nach war Luther nach der Magisterprüfung mit Hieronymus Buntz in ein Wortgefecht geraten und hatte aufgrund seiner leichten Erregbarkeit zum Dolch gegriffen und dabei im Affekt den Freund so unglücklich zwischen die Rippen getroffen, daß dieser lebensgefährlich verletzt wurde und bald darauf an den Folgen dieser Verwundung starb. Dies ist die in jeder Hinsicht wahrscheinlichste und psychologisch stimmigste Erklärung sowohl der Vorfälle um den Tod von Hieronymus Buntz als auch des überstürzten Klostereintritts Luthers sowie seiner von da an stark einsetzenden Selbstvorwürfe und bedrückenden Erinnerungen an den Tod des Freundes. Erhärtet wird dies klar und deutlich durch die Bemerkung Luthers aus einer Tischrede des Jahres 1532, die von Veit Dietrich aufgezeichnet wurde und in der es heißt: „Singulari Dei consilio factus sum monachus, ne me caperent. Alioqui essem facillime captus. Sic autem non poterant, quia es nham sich der gantz orden mein an.“[58] („Nach einem einzigartigen Ratschluß Gottes bin ich Mönch geworden, [besser: dazu *gemacht* worden,] damit sie mich nicht gefangennehmen. Andernfalls wäre ich

nämlich sehr leicht gefaßt worden. So aber konnten sie es nicht, weil sich der ganze Orden meiner annahm."). Ein sehr aufschlußreiches Bekenntnis Luthers.
Noch lange über sein angeblich so befreiendes „Turmerlebnis" hinaus hat Luther mit der ihn ständig quälenden Frage gerungen, „wie finde ich einen gnädigen Gott?" „O meine Sünde, Sünde, Sünde", klagt er seinem Ordensobern und großen Förderer v. Staupitz. Sein Zwang zur häufigen Beichte, die oft Stunden dauerte (einmal sechs Stunden), seine beschwerliche Pilgerfahrt nach Rom, um „eyne gantze beychte von jugent auf geschehen thuen", weisen neben zahlreichen anderen Andeutungen in die gleiche Richtung und künden bereits den Ausbruch seiner Krankheit an. Und als Melanchthon über Luthers entsetzliche Depressionen und „terrores" (Schrecken) berichtet, die er selbst mehrere Male angesehen und miterlebt hat, bemerkt er: „Diese Schrecken hat er entweder zuerst oder am heftigsten in dem Jahr empfunden, als er einen guten Freund verlor, der — ich weiß nicht durch was für einen Unfall — getötet wurde."[59] Diese „Unwissenheit" Melanchthons dürfte wohl in die Reihe der Schutzbehauptungen „um des Evangeliums willen" gehören, über die Luther selbst einmal an Melanchthon nach Augsburg schrieb: „Wenn wir einmal der Gewalt (drohenden Verfolgung) entronnen sind, werden wir unsere Schliche (Lügen) und Fehltritte leicht wieder gut machen."[60] In einer Predigt aus dem Jahre 1523 sagt Luther über das Motiv seines Eintritts ins Kloster: „Denn ich hab nicht lust dazu von hertzen, sondern byn dazu gezwungen und muß es thun, angesehen die helle, straff oder schand, und ist nit muglich, das ichs frey und frölich thun kund."[59] Dungersheim bemerkt in einer Glosse: „Wie bistu nhu anders rotts worden, freylich das deynem henßgen der kopff nit abfalle."[62] Luther kommt immer wieder unter vielerlei Anspielungen auf sein chronisches Trauma zu-

rück. 1529 sagt er in einer Predigt: „Paulus je grosser peccator fuit, je mher barmhertzigkeit widderfarn, ut nemo iactet suum meritum. Ego fui ego monachus der mit ernst from wolt sein. Sed je tieffer ich hin ein gangen bin, yhe ein grosser bub et homicida fui."[62] Auch dieser Ausspruch Luthers ist mehrdeutig. Wenn er auch infolge von „Ungeschicklichkeit" den Tod seines Freundes verursacht hatte, so war nicht sicher, ob er sich nicht des Tatbestandes des mit der Todesstrafe bedrohten Totschlags schuldig gemacht hatte; auf jeden Fall suchte man ihn festzunehmen. Überdies wäre er auch ein nicht gerade glaubwürdiger Prediger gewesen, wenn seine Zuhörer von ihm gewußt hätten, daß er seinen Freund im Affekt erstochen habe. Ein entscheidender Grund mehr, den wahren Sachverhalt zu verschleiern und zu umschreiben, keinesfalls aber zuzugeben. Darüber ganz zu schweigen vermochte er nicht, da es ihn zu tief bewegte. Darum die wiederholten Andeutungen.

Die Überlegungen Emme's, Luther könnte möglicherweise auch in den tragischen Tod des Peraudi Günstlings Radkens verwickelt gewesen sein oder mit dem getöteten Freund sei ein gewisser „Alexius" gemeint gewesen, sind unwahrscheinlich. Welchen Grund sollte der Magister Luther haben, mit dem Bakkalar Radkens, der nicht zu seinen Freunden und vielleicht nicht einmal zu seinen Bekannten zählte, einen Schlagabtausch zu haben, der schließlich zum Tod des Bakkalars führte? Möglichkeiten gibt es immer viele, vor allem wo gezecht und disputiert wird, die Wahrscheinlichkeit dürfte jedoch nahe Null sein. Die Nachforschungen Kardinal Peraudis nach den mysteriösen Umständen des gewaltsamen Todes seines Günstlings um Ostern 1505 könnten Luther wohl insofern in arge Bedrängnis gebracht haben, als in diesem Zusammenhang auch seine „Ungeschicklichkeit" so nebenbei mit aufgedeckt wurde, da ja alle ähnlichen Todesfälle unter die Lupe genommen wurden und erst dieser Umstand des Bekanntwerdens seiner todbringenden „Seitenstiche“ Luther in das Augustinerkloster „flüchten“ ließ. Wie der zu befürchtende Prozeß auch ausgegangen sein würde — zumal es sich um einen wiederholten Zweikampf Luthers handelte —, die Tatsache des Duells mit tödlichem Ausgang hatte Luther die Exkommunikation eingebracht und den sicheren Verweis von der Universität und damit das Ende aller Pläne seines Vaters, der ihn „zu etwas Größerem machen wollte“. In diese aufgewühlte seelische Verwirrung und Verstrickung trifft nun überdies noch ein zufälliger Blitz bei Stotternheim, der ihn zu dem verzweifelten Ausruf veranlaßt: „Heilige Mutter Anna, hilf mir, ich will ein Mönch werden!“ Die Frage ist hier: bittet er um Hilfe vor dem Blitz oder aus seiner ausweglosen seelischen Not? Auf jeden Fall konnte Luther nun auch seinem Vater ein plausibles Motiv für seine Abkehr vom Jura-Studium und seinen Eintritt ins Kloster liefern, was der Vater äußerst ärgerlich quittierte mit den Worten: „Gott geb, daß es nicht ein Betrug und teuflisch Gespenst sey.“[64] Und gerade wegen dieses Hintergrundes der zurückliegenden Ereignisse, den der Vater nicht kannte, hat dieser Ausspruch des Vaters Luther selbst so empfindlich getroffen, wie selten ein Wort von ihm. Er erklärte seinem Vater später: „Du trafst mich wieder so geschickt und passend, daß ich in meinem ganzen Leben von einem Menschen kaum ein Wort gehört habe, das kräftiger in mir geklungen und fester gehaftet hat.“[65] Unter diesem Aspekt bekommt auch der Anfall im Chor, den Erikson eingehend analysiert, einen völlig neuen Akzent.[66] Luther hatte seinen Eltern nichts mitgeteilt von seiner Absicht, Mönch zu werden, sondern sie damit unvorbereitet überrascht. Die Tatsache, daß bereits sein Vater ein Totschläger war, mag ihn vor allem daran gehindert haben; ebenfalls die bekannte Abneigung seines Vaters gegenüber Mönchen sowie dessen völlig anders laufenden Pläne mit ihm. Jetzt war er wieder auf der Flucht vor seinem Vater, den er so enttäuschen mußte, um sich selbst zu retten. Wieder wurde das Kloster zum Asyl für ihn, aber auch zur einzigen Möglichkeit, doch noch etwas Großes aus sich zu machen, wenn auch anders, als sich beide vorgestellt hatten. Aus dieser Not hat Luther dann versucht, eine Tugend zu machen. „Ich bin ein Mönch gewesen, der mit Ernst fromm sein wollte." Oder wie er in einer anderen Predigt bekannte: „Das ist unsere lehre gewesen, das wen einer getaufft were und nach seiner Tauffe eine todtsunde thette, so were Christus ihme nichts nutze. Wiltu aber selig und durch Busse from werden, so hebe an und werde ein Monch und martere dich mit fasten und beten, biss du Gott dir wider zum freunde machest. Darauff bin ich auch ins kloster gegangen."[67]

Keiner der bekannten Lutherbiographen geht mit irgendeinem Wort auf Luthers wahre Motive ein. Einige versteckte Andeutungen könnte man unter Umständen in diese Richtung deuten. Ein Eingehen darauf wird aber ganz bewußt gemieden. Sie geben als entscheidenden Beweggrund das Gewitter und „Gelöbnis" von Stotternheim an, das aber nur Anlaßcharakter aufweist und zudem nicht moralisch bindend gewesen wäre. Das wußte auch Luther sehr genau und vor allem sein Vater, der die Unechtheit des vorgegebenen Motivs spürte. Aus dem Blitz von Stotternheim haben dann einige auch so etwas wie ein Damaskuserlebnis und die Hypothese einer Erscheinung ableiten wollen, um damit zusätzlich die Sendung Luthers „von oben" zu dokumentieren. Luther selbst macht solche Andeutungen. Aber selbst abgesehen von dem Fluchtmotiv, wenn wirklich nur das Gewittererlebnis von Stotternheim den Anstoß zum Klostereintritt gegeben hätte — als vermeintliches Lichtzeichen vom Himmel — dann kann nur ein Kranker ein Ge-

witter als Erscheinung im biblisch-theologischen Sinne deuten, eventuell noch jene, die ohne jede physikalischen Kenntnisse sind, was auf Luther und seine Zeit im allgemeinen anwendbar ist. Nur müßten dann diese Erscheinungen oder „Lichter am Himmel" genau beschrieben werden, nicht nur schlicht behauptet. In der Heiligen Schrift werden in solchen Fällen konkrete Einzelheiten angegeben, sowohl über das Erscheinungsphänomen selbst als auch über damit verbundene „Botschaften" und Bezugnahmen zur bisherigen Offenbarung. Im Falle Luthers finden wir von alldem nichts; er bleibt im diffus Allgemeinen und bei leeren Andeutungen. Eine weitere Hypothese ist die Wirkungshypothese, die von der beispiellosen Wirkung Luthers zurückschließt auf die Echtheit seiner himmlischen Sendung, da diese Wirkung alle menschlischen Erklärungsmaßstäbe sprenge. Im Hinblick auf das Klostereintrittsmotiv ist diese Hypothese ohne Belang, da die Fakten oder Quellen dagegen sprechen; in Bezug auf Luthers heilsgeschichtliche Bedeutung innerhalb der Kirchengeschichte ist sie eine mögliche. Als solche kann sie aber ebenso negativ wie positiv gedeutet werden. Eine solche Wirkung kann göttlichen, aber auch dämonischen Ursprungs sein.[68] Wer vermag das zu entscheiden?
Umstände, Anlaß und Motiv des Klostereintritts Luthers müssen natürlich bei der Beschreibung und Deutung seines Erlebens und Verhaltens im Kloster sowie seiner späteren Rückerinnerungen daran immer mitbedacht werden. Sie stellen einen unentbehrlichen Interpretationsschlüssel für Luthers weiteres Leben dar.

4. Luthers Krankheit

Neben den bisher besprochenen Geschehnissen und Erlebnissen Luthers hat vielleicht auch seine angeborene Bereitschaft zur Melancholie mit dazu beigetragen, den Weg ins Kloster zu finden. Luther litt, zumindest seit dieser Zeit, an starken Depressionen, Anfechtungen oder Schrecken, wie er sie meistens nannte. Bei der Schwere der Tat und der daraus drohenden Gefahr für ihn ist das zunächst nicht ohne weiteres erstaunlich. Die Frage, ob und inwieweit Luther psychisch krank gewesen sei, ist so alt wie die Lutherforschung selbst. Sie taucht nicht erst bei Paul Reiter[69] auf, dem dänischen Psychiater, der darüber ein zweibändiges Werk geschrieben hat. Namen wie Hausrath, Kawerau, Berkhan, Cramer, Ebstein, Hellpach, Erikson und noch im letzten Jahr Helm Stierlin[70] u. a. machen deutlich, daß Luthers Erleben und Verhalten nicht nur die Dimensionen eines „großen Mannes“ aufweisen, sondern auch eindeutige pathologische Symptome anzeigen. Die Beurteilung dieser pathologischen Züge — von Anhängern oft als prophetisch, von Gegnern als dämonisch gedeutet — fällt je nach Standpunkt oder Fachkenntnis sehr verschieden aus. Eigentlich ist es ein Fall, wie er in jeder psychiatrischen Klinik oder auch psychotherapeutischen Praxis zum Alltag gehört. Nur weil es Luther ist, bekommt er eine alle übrigen Rahmen sprengende Dimension. In den Lutherbiographien begegnet man — wie nicht anders zu erwarten — fast zwangsläufig der abwehrenden Bemerkung, daß ein Mann wie Martin Luther nicht von der Psychologie her oder gar der Psychopathologie zu erklären sei. „Vor allem ist aber davor zu warnen“, meint Manns, „mit den Mitteln und Methoden der modernen Psychologie . . . Luthers gestörte Persönlichkeit aus diesen Berichten (über die Anfechtungen) herauslesen zu wollen.“[71] Manns spürt sehr gut, woher seinem Luther-

bild echte Gefahr drohen könnte. Er wehrt sich zwar vehement gegen die Psychologie, bemerkt aber nicht, daß er selbst fast nichts anderes tut, als zu psychologisieren, anscheinend eine Eigentümlichkeit von ihm.
Im Hinblick auf die Offenbarungswahrheiten, mit denen sich Luther befaßt, ist die Warnung vor der Psychologie und Psychopathologie nicht unberechtigt, ebenso bezüglich Luthers heilsgeschichtlicher Bedeutung. In diesem letzten Sinne ist jeder Mensch ein Geheimnis, auch für Theologen. Der Grund dieser inneren Abwehrhaltung ist jedoch verständlich, wenn man bedenkt, daß beispielsweise S. Freud nicht nur die religiösen Denk- und Erlebnisprozesse für rein psychische Produkte und Konstrukte hielt, sondern auch die Glaubensinhalte, die Mitteilungen des sich offenbarenden Gottes. Diese werden dann ebenfalls rein psychologisch oder psychopathologisch gedeutet. Ein außersubjektiver Gott ist für Freud und viele Wissenschaftler gar nicht existent. Andere halten ihn zwar für existent, glauben aber, daß auch die Glaubenswahrheiten grundsätzlich, also früher oder später, wissenschaftlich erklärbar sind. Solche Versuche hat C. G. Jung gemacht, auch Erikson weist solche Tendenzen auf. Ganz groß versucht es z. Zt. Hoimar von Ditfurth, von Hause aus Psychiater. Hier offenbart sich deutlich das, was anfangs methodische Überschreitungsfehler oder Überschätzung der Wissenschaft genannt wurde. Dies ist aber nicht gleichzusetzen mit dem, was Thomas von Aquin sagt: „Fides quaerit intellectum" (der Glaube sucht zu verstehen, strebt nach Einsicht). *Dieses* Verstehen des Thomas bewahrt den Glauben und stärkt ihn. Wo ein Wissenschaftler das tut, ist er nicht nur berechtigt, sondern es drängt ihn geradezu, alle Möglichkeiten der Erhellung und Vertiefung seines Glaubens auszuschöpfen. Wie schwer das dennoch ist, zeigt das Beispiel der Dissertation von G. Schallenberg,[72] der ein abgeschlossenes Theo-

logiestudium hinter sich hat, die psychiatrische Laufbahn eingeschlagen hat und in seiner Dissertation die ihm mögliche Unterscheidung zwischen theologischen und pathologischen Merkmalen nicht differenziert genug vollzieht, sondern dem Druck der herrschenden schulmedizinischen Lehrmeinung nachgibt. Bei Schallenberg liegen die Probleme nicht im Glauben, sondern in zu wenig vertieften theologischen und psychologischen Kenntnissen und in dem, was seine akademischen Lehrer glauben. Hier zeigt sich wieder einmal deutlich, daß derjenige, der über *Abweichungen* von der Norm oder dem Normalen urteilen will (Psychopathologie), zunächst einmal die *Norm* selbst kennen sollte (Psychologie). Gute Psychopathologie setzt gute Psychologie voraus, und eine gute Psychologie kommt nicht ohne eine gute Psychopathologie aus (gut wird hier verstanden im Sinne der wissenschaftlichen Gütekriterien). Ein wesentlicher Fehler S. Freuds war es z. B., daß er fast ausschließlich „Patienten" beobachtet und behandelt hat, also pathologische Fälle, und die Ergebnisse dieser Beobachtungen verallgemeinerte. Um also die Psychopathologie Luthers zu verstehen, bedarf es zunächst grundlegender psychologischer Kenntnisse (sc. einer Theorie), die hier allerdings nur grob skizziert werden können, soweit sie für die vorliegende Fragestellung von Bedeutung sind.

Psychologischer Exkurs

In Anlehnung an den Genfer Psychologen J. Piaget spricht die Psychologie — sofern es *die* überhaupt gibt — im allgemeinen von drei Grundfunktionen des Seelisch-Geistigen (der Verfasser ist der Überzeugung, daß Seele und Geist zwar eine Einheit, aber nicht identisch sind): der *Erkenntnis*-Funktion (kognitive), der *Gefühls*- und Willens-Funktion (dilektive) und der *Mitteilungs*-Funktion (kommunikative). Piaget nennt diese letztere Darstellungsfunktion. Mitteilung ist weiter gefaßt und schließt die personale Beziehung und Gerichtetheit als wesentlich mit ein. Anschaulicher ist ein Bild aus der Physik: die Sonne (Feuer) spendet Licht, Wärme und Kraft, das ist ihre Funktion. Diese drei bilden eine unauflösliche Einheit, ohne jedoch identisch zu sein. So ist die Erkenntnisfunktion auf Wahr-Nehmung, auf *Sinnerlebnis* oder Wesenserkenntnis hin angelegt, letztlich auf die Wahrheit. Wahrheit ist mehr als nur Wirklichkeit, die nur einen Teil der Wahrheit darstellt. Wahrheit ist auch mehr als die Summe der verschiedenen Wirklichkeiten. Absolut gesehen ist es der Logos selbst, „durch den und auf den hin alles geschaffen ist" (Kol 1,16). Die Gefühls- und Willensfunktion (genetisch baut die Willensfunktion auf der Gefühlsfunktion auf) zielt auf das *Werterlebnis,* auf die Bedeutung des Wahrgenommenen. Gefühle sind gegenwartsgebunden, Werte sind überzeitlich. Dem Werterlebnis gehen unterschiedliche Gefühlstönungen (Valenzen) voraus, die zur Auswahl und Entscheidung führen. Letzlich zielt diese Funktion auf die Gutheit, das Ganze aller Werte (nicht die Summe). Die Darstellungs- und Mitteilungsfunktion schließlich zielt letztlich auf das *Schöpfungs-* oder seelisch-geistige *Zeugungserlebnis,* das Schaffen und Zeugen von Sinn und Wert, Wahrheit und Gutheit und ihre wechselseitige Mitteilung. Schaffen beinhaltet nur das Werk, zeugen beinhaltet nicht nur das Werk oder die Gabe, sondern die Gerichtetheit auf eine Person, der ich nicht nur meine Gabe schenke, sondern auch mich selbst. Zeugung zeigt das personale Aufeinandergerichtet- und Voneinanderabhängigsein in liebender Freiheit. Die dritte Funktion aktiviert und energetisiert also das Seelisch-Geistige aufgrund des Sinn- und Werterlebnisses zu wechselseitigem Mitteilen und Zeugen von Sinn und Wert, von Wahrheit und Gutheit, letztlich des gnadenhaft geschenk-

ten göttlichen Lebens selbst. Diese Mitteilung geschieht durch Wort und Tat oder Leid. Seelisch-geistiges Leben ist wesentlich Mitteilung. Erkennen be-geistert (weckt Geist, schenkt Geist), weckt Bewunderung und Liebe. Die Liebe aber drängt in jedem Fall zur Mitteilung des bereicherten und bereichernden Ich's an ein Du oder Wir, so wie Wärme nach Ausdehnung und Bewegung. Dies ist zumindest die angelegte Tendenz der seelisch-geistigen Funktionen. Sie können auch ins Negative umfunktioniert werden durch fehlende Einsicht, Werte oder Kraft.
Wie funktioniert nun dieses seelisch-geistige Sinn- und Werterleben konkret-empirisch? Exakte Untersuchungen über den Vorgang der menschlichen Wahrnehmung haben ergeben, daß wir die Vielzahl der Reize und Informationseinheiten, die durch unsere Sinne von uns aufgenommen werden, nach bestimmten Gestaltgesetzen zu Sinn- und Funktionsganzen oder *-gestalten* zusammenfügen, und zwar durch Reduktion. Die Logik würde von abstrahieren zu „Begriffen" unterschiedlicher Ausgestaltung sprechen (diffuse, klare, distinkte, adäquate, komprehensive). Zu welchen Gestalten diese Informationseinheiten von uns reduziert und strukturiert (oder zu Begriffen abstrahiert) werden, hängt von den wahrgenommenen Gegenständen und von der Einsichtskraft, dem intellektuellen Niveau des Wahrnehmenden ab. Erkenntnisfunktion und außersubjektive Wirklichkeit sind einander zugeordnet, auf Deckungsgleichheit angelegt, psychologisch ausgedrückt auf „vollendete Gestalt", auf Sinn oder auch „wahre" Gestalt, vollzogen durch den Erkenntnisakt; die Gefühls- und Willensfunktion dagegen auf „gute" Gestalt im Sinne von Gutheit und Wert. Sonne strahlt nicht nur Licht aus, sondern auch Wärme. Das Wahrgenommene hat nicht nur Sinn, sondern auch Wert und Bedeutung. Es dient mehr oder weniger der Förderung, dem Aufbau des Ich und der Vollendung des

Ganzen (dessen Teil oder Glied das Ich, die Person ist), oder steht dem entgegen bzw. gefährdet es. Aus diesem Grund ruft jede Wahrnehmung eine ganz bestimmte Gefühlstönung (Valenz) hervor, die die positive oder negative Bedeutung für den Wahrnehmenden „affiziert", wobei angenehme und für den Augenblick wohltuende Gefühle noch nichts aussagen über ihren bleibenden und endgültigen Förderungs- oder Aufbauwert für das Ich und das Ganze. Das stellt sich erst durch Erziehung und längere Erfahrung als gültig und zuverlässig heraus und führt Schritt für Schritt zum Aufbau der individuellen Werthierarchie. Wie nun im kognitiven Bereich die vielen Informationseinheiten (bit) zu Sinngestalten (Begriffen) strukturiert werden, so werden analog im dilektiven Bereich die vielen Empfindungseinheiten zu Gefühlsgehalten (Valenzen) gebildet mit unterschiedlicher Tönung und Stärke wie Trauer, Freude, Liebe, Haß, Zorn, Ärger, Angst, Ekel usw. Diese verbinden sich mit den Sinngestalten zu den *Werten,* wie auch die Formen mit den Farben eine Einheit bilden.

Aufgrund empirischer Untersuchungen wissen wir, daß uns aus der Fülle der Informationseinheiten (bit) nur ein Zehn- bis Hundertmillionstel ($1:10^7$) *bewußt* wird, d. h. wir wählen aus, wir reduzieren auf das Wesentliche, uns genügt die Sinngestalt, der Begriff. Das dient u. a. zur Entlastung von allem Überflüssigen, um so fähig und bereit zu sein, Neues und Lebenswichtiges aufzunehmen. Analog gilt dies ebenso von den vielen Empfindungseinheiten. Auch hier unterscheiden wir und wählen aus, und zwar das für uns Bedeutsame und Wertvolle. Da diese Auswahl immer auf das (wirklich oder vermeintlich) Positive ausgerichtet ist, das Wertvolle oder Gute, auf das, was wir bevorzugen oder lieben, sprechen wir nicht nur einfachhin von Selektion im neutralen Sinn, sondern von „dilectio", das neben Auswahl auch Liebe oder Bevorzugung bedeutet. Darum auch die Bezeichnung „dilektive Funktion". Sie umfaßt den gesamten Gefühls-, Wahl- und Willensbereich. Letztes und höchstes Ziel dieser dilektiven Funktion ist die absolute Gutheit und vollkommene Liebe, nämlich Gott selbst. Wegen dieses Angelegtseins der Gefühle auf die Unterscheidung von Wert und Unwert, Förderung und Bedrohung, haben sie konservierende Kraft. Je stärker ein Gefühl, um so besser wird das damit verknüpfte Erlebnis behalten zum Aufbau und Schutz der Werthierarchie. Damit zusammen hängt das Suchverhalten des Menschen nach überdauernden Werten. Erst ein längerer und vielseitiger Umgang mit Dingen und Personen ermöglicht es uns, die vorübergehende augenblickliche Lust oder Unlust von den bleibenden Werten oder Unwerten zu unterscheiden und sich mittels der dabei durch Triebaufschub gesammelten Kraft für die vorrangigen und überdauernden Werte zu entscheiden. Diese Unterscheidungs- und Entscheidungskraft erlangen wir nur durch entsprechende Erfahrung und Erziehung.

Die weitere Frage ist nun: was ist für den einzelnen von Bedeutung, was erlebt er als fördernd und wertvoll, was als nachteilig, wertlos oder gefährlich. Das hängt einerseits von seinen angeborenen, andererseits von seinen durch Erziehung erworbenen Bedürfnissen ab, die zusammen seine Werthierarchie ausmachen. Fundament dieser Werthierarchie sind die allen Menschen gemeinsamen Grundbedürfnisse und die sie sichernden, jedem innewohnenden sittlichen Gesetze, sprich Dekalog oder Menschenrechte (letztere sind im Grunde nichts anderes als der säkularisierte Dekalog). Die Erfüllung oder Nichterfüllung dieser Grundbedürfnisse ist mit ganz charakteristischen Gefühlstönungen verbunden. Trotz dieses gemeinsamen Fundaments aller Menschen bewirken die „normalverteilten" Anlagen und die unterschiedliche Erziehung eine breite Streuung der verschiedenen individuellen Wertvorstellungen. Das erklärt, weshalb auch bei Menschen mit gleichem Erkenntnisniveau dennoch andere Bewertungsmaßstäbe und Überzeugungen zustandekommen. In der unterschiedlichen Erziehung liegen die Ursachen dafür, daß sogar objektiv eindeutige (kognitiv gesehen) wissenschaftliche Ergebnisse dilektiv unterschiedlich bis gegensätzlich gedeutet und gewertet werden. Wo jedoch Einheit und Allgemeingültigkeit angestrebt wird, ist dies nur möglich auf gleichem kognitiven *und* dilektiven Niveau. Darum die Notwendigkeit der Erziehung im Familien-, Schul- und Kultursystem mit im wesentlichen gleichen Wertvorstellungen und Erziehungszielen, was ja auch den Sinn und die Überlebenschance einer Verfassung ausmacht. Das Problem der Gegensätze und Zwistigkeiten zwischen einzelnen Menschen und Gruppen, zwischen Parteien und Konfessionen liegt im wesentlichen in diesem Bereich der unterschiedlich erworbenen Wertvorstellungen. Wenn die Heilige Schrift Menschen tadelt, weil ihnen die rechte Erkenntnis fehlt, sie nicht sehen und nicht hören (wollen), dann meint sie das hauptsächlich im dilektiven Sinn, nicht im kognitiven, weil diese „Toren“ nämlich die vergänglichen Güter höher *bewerten* als die unvergänglichen; weil sie die augenblickliche Lust den bleibenden Werten, den ewigen Freuden *vorziehen.* Ein anschauliches Beispiel dafür ist das Gleichnis von der Einladung zum königlichen Hochzeitsmahl, in dem das Interesse an einer Frau (Geliebten) sowie an einem erworbenen Grundstück oder einem Gespann Ochsen (PS) vorrangig ist vor der Teilnahme am königlichen Hochzeitsmahl (Lk 14,15f). Im Psalm 95,10 tadelt Gott diejenigen, die nicht auf seine Stimme hören (wollen), denn „sie sind ein Volk, dessen *Herz* in die Irre geht.“

Störungen der seelisch-geistigen Funktionen.

Die verschiedenen seelisch-geistigen Krankheiten, deren Zahl nach der internationalen Klassifizierung mit zwölf angegeben wird, gehen im Grunde alle auf Störungen der drei erläuterten seelischen Grundfunktionen zurück. Bei den Manisch-Depressiven — dieser Begriff stammt aus der „klassischen Theorie" seit Kraepelin[73], die jedoch nicht die einzige gültige Erklärungsrichtung darstellt — liegt sie im Bereich der Gefühlsfunktion, deren anatomisches Korrelat im „limbischen System" (ein motivationales Steuerungszentrum) und am Hirnstamm anzutreffen ist. Physiologisch handelt es sich um eine Stoffwechselstörung im Haushalt der Neurotransmitter (Botenstoffe). Reize und Befehle werden im Gehirn nicht unmittelbar von Nervenzelle zu Nervenzelle weitergegeben, sondern durch diese Nachrichtenträger oder Befehlsüberbringer, von denen rund drei Dutzend identifiziert worden sind, ohne daß man ihre Funktion im einzelnen genau kennt. Sie übermitteln z. B. Stoffe für Sinninformationen, Gefühlsinformationen und energetisch-effektorische Befehle. Den Stoffwechsel der Gefühle besorgen nach dem augenblicklichen Wissensstand der Forscher die Neurotransmitter Serotonin, Noradrenalin und Dopamin. Depressive haben entweder zu wenig davon oder sie werden von den „gestreßten" Hirnzellen schlecht verarbeitet.

Das Krankheitsbild der Manisch-Depressiven deutet sich schon im Namen an: auffällig überhöhte Lust und Freude bis zur Euphorie auf der einen Seite und tiefe Niedergeschlagenheit, Gefühlsleere und -schwärze auf der anderen Seite; beides Gefühlszustände ohne erkennbaren Anlaß oder Grund bzw. solche, die in keinem Verhältnis stehen zur Stimmungsart und -stärke. Überdimensionale Schuldvorwürfe und Verworfenheitsgefühle treten auf, dumpfe, stumpfe Wertlosigkeitserlebnisse, aber keine Sinnlosigkeit, denn die Gedanken als solche sind logisch und klar, sie haben nur keine „Farbe“ mehr, Formen ohne Farbe; auch Ängste und Beklemmungen, die bis zu Ohnmachtsanfällen führen. Auf der anderen Seite kann der Ausschlag des Stimmungspendels in übertriebenen Frohmut ausarten, übersteigertes Selbstwertgefühl bis in den Größenwahn, unermüdlicher Tatendrang und Hyperaktivität, die in Aggressivität, Zorn und Wut umschlagen, wenn man sie in ihrem Selbstwertgefühl verletzt oder ihrem Tatendrang Hindernisse in den Weg legt. Das Denken des Manischen ist ideenflüchtig, aber nicht ziellos. Hört man Ideenflüchtige nur kurze Zeit an, so hat man oft den Eindruck von einem ungeheuren Ideenreichtum. Kennt man sie aber genau, so ist man überrascht, wie oft sie dieselben Gedanken immer wiederholen. Bleuler sagt dazu wörtlich: „Wenn sie auch manchen geistreichen Einfall hervorbringen können und imstande sind, Wahrheiten zu sagen, die anderen nicht in den Sinn kommen oder von ihnen unterdrückt würden, so sind die Urteile doch meist oberflächlich, einseitig und voreilig. Nicht alle notwendigen Faktoren werden berücksichtigt. Wie die Auswahl der Eindrücke und Ideen ungenügend ist, so versagt auch die Ordnung derselben. Wenn einmal eine Mehrleistung vorhanden zu sein scheint, so ist sie gewöhnlich dem Wegfall von Hemmungen und nicht einer Erhöhung der Verstandesleistung zu verdanken. Der Gesunde kann manches nicht sagen, weil Rücksichten auf andere oder sich selbst oder eine inhaltliche Kritik es ihm verbieten; der Ideenflüchtige setzt sich über solche Bedenken hinweg oder hat sie überhaupt nicht; er kennt keine Befangenheit . . . Häufiger ist er von seiner intellektuellen Leistungsfähigkeit begeistert. Der Zuhörer erkennt in der Regel, welche Fäden die einzelnen Gedanken untereinander verbinden. Das Denken ist im Prinzip zusammenhängend (die Ideenflucht ist keine Inkohärenz), und der einzelne Gedanke und die einzelnen Gedankenverbindungen sind klar; doch wird flüchtig am Wesentlichen vorbeigedacht oder das Wesentliche nicht fertig gedacht. Er erstaunt dabei oft durch sein schnelles Erfassen der Schwächen des Diskussionsgegners und durch rasche witzige oder rabulistische Logik . . . Das äußere Bild wechselt nach der Stärke der Krankheit von leichter manischer Erregbarkeit bis zur ‚Tobsucht' (Tobsucht bezeichnete lange Zeit den manischen Zustand als solchen). Der Kranke queruliert häufig während der ganzen Dauer der manischen Störung. Aber auch Gutmütigkeit tritt besonders lebhaft hervor („Laßt wohlbeleibte Männer um mich sein." Shakespeare). Gegen Exzesse aller Art, namentlich sexuelle und alkoholische Verschwendung, fehlen die Hemmungen."[74] Diese Beschreibung wurde deshalb so ausführlich gebracht, weil sie so frappierend genau auf Luthers Verhalten in vielen Situationen paßt.

Über die Ursachen dieser manisch-depressiven Erlebens- und Verhaltensweisen liegen keine einheitlichen Erklärungen oder Theorien vor; die Beschreibung der Symptome und Syndrome bereitet keine großen Schwierigkeiten, umso mehr jedoch die Ätiologie und Therapie. Der beobachtete Einfluß der Neurotransmitter sagt zunächst nur etwas aus über den signifikanten Zusammenhang dieser Botenstoffe mit dem entsprechenden Erleben und Verhalten; wovon aber dieser Mangel im Haushalt der Transmitter abzuleiten ist, weiß niemand exakt zu sagen. Einige übereinstimmend festgestellte Merkmale und Daten der Patienten lassen sich aber hinreichend bestimmen.

Kretschmer hat schon 1921 die Beobachtung gemacht, daß bestimmte pathologische Erlebnis- und Verhaltensweisen überzufällig häufig zusammen mit bestimmten Körperbauformen auftreten. Eine Reihe empirischer Untersuchungen hat seine Grobbeobachtungen im Prinzip bestätigt und statistisch abgesichert, aber auch die Grenzen dieser Theorie aufgezeigt. So ist z. B. sicher, daß zwei Drittel aller Manisch-Depressiven einen breit- und rundwüchsigen (pyknischen) Körperbau aufweisen. Allerdings gibt es auch Schizophrene dieser Konstitution und viele Gesunde, die nie manisch-depressiv werden. Damit soll einzig und allein gesagt sein, daß es angeborene Dispositionen für bestimmte Krankheiten gibt, die sich in besonderen Belastungs- oder Verletzungssituationen in dieser oder jener pathologischen Symptomatik manifestieren. Weitere überzufällige körperliche Merkmale sind die circadianischen Abweichungen (circadianisch = biologischer 24-Stundenrhythmus) wie z. B. quälende Schlafstörungen, für die das verfrühte Erwachen um die gleiche Zeit geradezu typisch ist. Typisch ist ferner das verstärkte Auftreten all dieser Symptome zu bestimmten Jahreszeiten oder in Lebensphasen, die den Stoffwechsel stark verändern, etwa in Reifungs- oder Rückbildungsphasen (Klimakterium). Auf körperliche Einflußfaktoren weisen ebenfalls die Zwillingsforschung, die die Gleichzeitigkeit seelisch-geistiger Erkrankungen bei eineiigen getrennten Zwillingen überzufällig häufig belegt. Ein Zusammenhang mit endogenen Faktoren ist also nicht von der Hand zu weisen, zumal auch entsprechende Therapien anschlagen.

Besonderes Augenmerk verdienen die bereits genannten Belastungs- und Verletzungserlebnisse. Als relevante Belastungserlebnisse erweisen sich immer wieder dressierte Unterwürfigkeit und Überforderung in der Kindererziehung, wenn die Eltern von ihren Kindern erwarten, was ihnen selbst nicht gelungen ist oder nicht in den Sinn kommt zu tun; wenn von Kindern etwas gefordert wird und ihre Unterlassung bestraft, mit der Forderung aber nicht auch das Vorbild gegeben wird. Überhöhte Erwartungen der Eltern also, aber auch der Lehrer, der Ehepartner und aller sonstigen Bezugspersonen sind von Bedeutung. Damit zusammen hängt meistens auch das sich selbst gesetzte Anspruchsniveau. Das erklärt auch, weshalb oft gerade die „Guten" depressiv werden, die sich selbst überfordern und des Guten zuviel tun wollen, was ihnen jedoch nicht gelingt. Es fehlt am rechten *Maß* im Haushalt der Fähigkeiten und Kräfte, darum der Sturz in die Depression. Es sind auch nicht die Einsamen, wie so oft angenommen wird, die melancholisch werden, sondern die Konkurrierenden mit falschen Maßstäben. Erschöpfungsdepression nennt sie P. Kielholz aus Basel,[75] Verschleißdepression andere. Frustrationsdepression könnte man sie ebensfalls bezeichnen, da sie einen inneren Leerlauf anzeigen, der allerdings auch leicht in Aggressionen umschlagen kann, wie Untersuchungen über Totschläger und Gewalttätige nahelegen. Letzteres trifft vor allem auf das männliche Geschlecht zu, während das weibliche Geschlecht wesentlich häufiger Niedergeschlagenheit zeigt, was sicherlich nicht nur endogen zu begründen ist, trotz nachweislicher geschlechtsspezifischer Zusammenhänge.[76] Für die überdimensionale Häufigkeit der Erschöpfungsdepression bei Frauen spricht ganz sicher auch, daß sie statistisch häufiger überfordernden Belastungserlebnissen ausgesetzt sind als Männer.

Der falsche oder fehlende Maßstab, von dem oben die Rede war, kann auf mangelnde Frustrationstoleranz oder auch auf Unterforderung oder dauernde Nichtbeachtung sittlicher Normen zurückführbar sein. Wer einsieht, daß er eine Forderung (eine Tat oder Unterlassung) erfüllen müßte und auch erfüllen könnte, es aber nicht tut wegen eines augenblicklichen Lusterlebnisses bzw. um Unlust zu vermeiden, der kommt innerlich aus dem Gleichgewicht, bekommt seelische Schwindelanfälle, d. h. Gewissensvorwürfe, Schuldgefühle. Hin und wieder widerfährt das jedem; wird das aber zur Gewohnheit, so gerät er in einen seelischmoralischen Streß und wird krank, falls er dieses gestörte Gleichgewicht nicht rechtzeitig durch Wiedergutmachung oder Schuldvergebung wiederherstellt. Die Psychiatrie spricht vom „Schuldwahn" der Depressiven, wobei sehr genau unterschieden werden muß zwischen psychisch echter Schuld, die als Dauerbelastung in die Krankheit führen kann, und der überdimensionalen Beurteilung dieser Schuld im Verlauf der Krankheit. Wer sich betrinkt, ist für das, was er im Zustand des Rausches tut oder unterläßt, nicht verantwortlich, wohl für das Betrinken, das ihn in diesen Zustand gebracht hat (ausgenommen in den Fällen, in denen die Folgen nicht erkennbar waren oder die Kraft zum Widerstand fehlte). Deshalb kann echte Schuld als mögliche Ursache von Depressionen angenommen werden[77]. Die zunehmende Überfüllung psychiatrischer und psychotherapeutischer Wartezimmer steht in einem hochsignifikanten Zusammenhang mit wirklicher Schuld, für die man keine Vergebung sucht, sondern nur Befreiung von den quälenden Folgen. Sogar die allgemein-medizinischen Praxen sind bis zu zwanzig Prozent mit seelisch-geistig Kranken gefüllt. Auch das ist ein Symptom manisch-depressiver Krankheit, daß sie verkleidet im Gewand vieler organischer Störungen auftritt, wie Magen- und Darmverstimmungen, Verdauungs- und Schluckbeschwerden, Verstopfung, Durchfall, Kopfschmerzen, Schlaflosigkeit u. ä.. Organisch ist dann meistens nichts zu finden, was aber wohl vor allem daran liegt, daß die psychosomatische Seite dieser Krankheiten nur mit äußerst feinen Verfahren diagnostizierbar ist.

Anwendung auf Luther

Wer Luthers Leben und Werk repräsentativ kennt, hat bereits bei der Beschreibung dieses Krankheitsbildes und seiner vielfältigen Ursachen die Übertragung auf seine Erlebens- und Verhaltensweisen vollziehen können. Dabei sind noch nicht einmal die beiläufigen Symptome der Wahnideen und Halluzinationen des Gesichts und des Gehörs zur Sprache gekommen, die solche Kranke haben, wie etwa fratzenschneidende Teufelserscheinungen u. ä., oder die Zwangsvorstellungen, die den Patienten dazu drängen, sakrilegische Äußerungen von sich zu geben, wo sie beten oder segnen wollen, alles Dinge, die Luther häufig widerfahren sind. Ebenso die starke Neigung zur Koprolalie (Kloakensprache) oder die auffällige Redseligkeit bis zur Logorrhoe (Redeschwall), die Teilerscheinung des enormen Betätigungsdranges ist. Für „Lutherlaien" seien noch einige Belege typischer Krankheitssymptome Luthers angeführt. Wenn wir vom äußeren Erscheinungsbild ausgehen, wie es uns auf den verschiedenen Bildern von Lukas Cranach d. Ä. zugänglich ist, dann muß Luther seinem Körperbau nach zu den Pyknikern gezählt werden. Diese Konstitution treffen wir, wie schon erwähnt, bei zwei Drittel der Manisch-Depressiven an. Das soll nur ein Hinweis, kein Beweis sein. Überdies ist auf einigen Bildern Luthers die sogenannte „Veraguth'sche Falte" zu erkennen, auch wenn es Portraits und keine Photographien sind. Diese Falte — eine funktionelle Veränderung im medialen Drittel des Augenoberlides — ist ein besonders bemerkbares mimisches Zeichen der Depression und entsteht dadurch, daß die Hautfalte des Oberlides an der Grenze ihres inneren Drittels nach oben und ein wenig nach hinten verzogen wird, so daß der Bogen daselbst in einen Winkel verwandelt wird. Nach dem Züricher Neurologen Veraguth (1870-1940) ist diese Falte charakteristisch für endogene Depression. Bei Luther ist diese Falte u. a. feststellbar auf dem ältesten Lutherbild: Kupferstich des Augustinermönchs von L. Cranach d. Ä. aus dem Jahre 1520 mit der Aufschrift: „Den ewigen Widerschein seines Geistes läßt Luthers selbst hervortreten. Das vergängliche Antlitz bildete Lukas ab." Ein anderes deutliches Beispiel (nicht alle Drucke sind gleich gut) ist das Gemälde „Doktor Martinus Luther" von demselben Maler aus dem Jahre 1528 (Weimar, Staatl. Sammlung im Schloß), ein Jahr nach einer seiner schwersten depressiven Phasen.

Die Depression ist im Grunde ein „Überforderungs"- oder „Streß" -Problem bei fehlender Regenerierungsmöglichkeit. Sie findet ihren besten (nicht einzigen) Nährboden in pyknischer Anlage. Darum bricht diese Krankheit auch bei derartigen Personen am häufigsten durch. Anlage und Umwelt greifen ineinander. Bei Luther treffen fast alle endogenen und exogenen Bedingungen und Ursachen zusammen, soweit das von den Symptomen her erschließbar ist. Seine strenge Erziehung im Elternhaus: die Mutter schlägt ihn wegen einer Nuß, daß das Blut fließt, der Vater „stäupt" ihn so sehr, daß er von zu Hause wegläuft; in der Lateinschule setzen ihm die „Wölfe" (unerkannte Aufpasser und Anzeiger) zu, wodurch er einmal fünfzehn Schläge ohne Angabe von Gründen einstecken mußte. Sein Ordenseintrittsmotiv war nichts als Angst und Furcht vor Strafverfolgung, „angesehen die helle, straff oder schand", seine Schuld quält und zwingt ihn, wiedergutzumachen bis zum Exzeß, bis zur Erschöpfung und Ohnmacht, „wiltu aber selig und durch die Busse from werden, so hebe an und werde ein Monch und martere dich mit fasten und beten. . ." „Als ich ein Mönch war, habe ich mich sehr verbraucht. . . Ich zehrte mich auf durch Fasten, Wachen, Beten und andere harte Arbeit, da ich ernstlich dachte, ich müßte durch meine Werke die Gerechigkeit erlangen. . ."[78] „Es ist wahr, ich bin ein frommer Mönch gewesen und habe meinen Orden so streng gehalten, daß ich sagen darf: ist je ein Mensch in den Himmel gekommen durch Möncherei, so wollte ich auch hingekommen sein. Das werden mir alle meine Klostergesellen, die mich gekannt haben, bezeugen. Denn ich hätte mich, wenn es länger gewährt hätte, zu Tode gemartert mit Wachen, Beten, Lesen und anderer Arbeit."[79] Hier muß allerdings unterschieden werden zwischen dem Anfangseifer mit seinen unreifen Vorstellungen und Absichten einerseits und dem späteren Tätigkeitsdrang bis zur krankhaften Hyperaktivität der Manie. Luther hat — nicht ohne schwerwiegende Fehler seiner Vorgesetzten — das Gleichgewicht zwischen „ora et labora" nie gefunden. Er hat nicht auf das Ziel seines Tuns geschaut, sondern auf das Handeln selbst und seine Selbstverwirklichung. Er wollte sein erfolgsgewohntes Tun aus seiner Schüler- und Studentenzeit auf das geistliche Leben und Streben übertragen, womit er natürlich scheitern mußte. In einer Tischrede vom Juni 1540 bekennt er: „Als ich Mönch war, war ich durch Vorlesungen, Schriftstellern, Singen usw. derart in Anspruch genommen, daß ich wegen der Geschäfte die kanonischen Horen nicht beten konnte. Deshalb holte ich am Samstag, ohne Mahlzeiten zu mir zu nehmen, nach, was die sechs Wochentage versäumt war, und betete den ganzen Tag, aber um die Worte kümmerte ich mich doch nicht. . ."[80] In einer anderen Tischrede, in der er wieder vom Nachholen des ganzen Wochenoffiziums am Samstag spricht, bemerkt er, daß man ihm wegen Ermüdung durch das Samstagsfasten und durch die Schlaflosigkeit „Doktor Esch' haustum soporiferum" habe geben müssen, also ein schlafbringendes Mittel. Für seine Hyperaktivität und Erschöpfungsdepressionen, aber auch für den desolaten Zustand seines geistlichen Lebens spricht ein Brief an seinen Ordensbruder und Freund Lang, in dem er u. a. ausführt: „Ich hätte fast zwei Schreiber oder Kanzler nötig. Ich tue fast nichts den Tag über als Briefe schreiben . . . Dabei bin ich Konventsprediger, muß bei Tisch predigen und werde täglich zum Predigen in der Pfarrkirche begehrt. Ich bin Regens des Studiums und bin

Vikar, das will sagen elfmal Prior; ich muß an die Abfuhr der Fische aus dem Leitzkauer Teich denken und muß die Streitsachen der Herzberger (Brüder) zu Torgau führen; ich lese über Paulus, sammle die Erklärungen zum Psalterium und schreibe, wie oben gesagt wurde, die längste Zeit Briefe. ... Selten habe ich die nötige Zeit, um die kanonischen Tagzeiten zu verrichten und zu zelebrieren, abgesehen von den mir eigentümlichen Versuchungen mit dem Fleisch, der Welt und dem Teufel."[81] An Stelle von „Teufel" kann oder muß man sogar hier und an vielen anderen ähnlichen Stellen Gewissensvorwürfe, Anfechtungen oder Gott selbst setzen, und zwar insofern er ihn in Schrecken versetzt. Dieser erschreckende, zürnende „Teufel-Gott" oder „Gott-Teufel" ist paradoxerweise der weitaus häufigere Ansprechpartner Luthers als der liebende oder geliebte Vater-Gott, da die Liebe zu Gott für Luther verdammungswürdige Werkgerechtigkeit ist bzw. wird. Luther spricht viel mehr *über* Gott als *mit* Gott, außer mit diesem in Schrecken versetzenden Gott. All diese Äußerungen verifizieren die Theorie von der Erschöpfungsdepression einerseits und der entsprechenden manischen Hyperaktivität andererseits. Es dürfte wohl kaum einen Mann der Geschichte geben, der soviel geschrieben hat wie Martin Luther. Die noch nicht abgeschlossene kritische „Weimarer Ausgabe" (WA) seiner Schriften, Briefe, Bibelübersetzung und Tischreden hat bereits ohne Nachtragswerke und Ergänzungsbände einen Umfang von 104 Bänden. Luther war wie kaum einer fähig, innere Vorgänge und seelische Erlebnisse adäquat in Sprache zu übersetzen. Hierin war er genial, gestört war er nur in seiner dilektiven Gefühlsfunktion.

Über Luthers Anfechtungen und Schrecken, wie er sie nennt, braucht nicht viel hinzugefügt werden, da sie allgemein bekannt sind. Die Frage „wie finde ich einen gnädigen Gott", war ein Zentralmotiv seines Lebens. Die Depressionen nahmen — auch nach dem manisch-euphorischen Turmerlebnis — zuweilen ein solches Ausmaß an, daß er sogar vor Angst und Schrecken in Ohnmacht fiel, wie u. a. sein Arzt Ratzeberger berichtet. Diese Ohnmachtsanfälle sind krankheitsspezifisch und nicht zu verwechseln mit epileptischen Krampfanfällen, wie das von einigen Autoren angenommen worden ist. Als wiederholt vorkommende Leiden Luthers sind zudem bezeugt sein Leiden an Nierensteinen, Verstopfung, Schlaflosigkeit, Schwindelanfälle am Morgen, Ohrensausen und Ohrenrauschen, Brust- und Herzbeklemmungen, sowie Lichtempfindlichkeit mit Kopfschmerzen, Angst und Schrecken, teuflische Fratzen und Dispute, überdimensionale Schuldvorwürfe und Verworfenheitsgefühle, Anfechtungen und der ständige Zwang zur Gotteslästerung; sie alle haben ihm sein Leben lang mehr oder weniger arg zugesetzt. Schließlich ist er unerwartet plötzlich an einem „Herzangstsyndrom“ gestorben, wie eine genaue gerichtsmedizinische und -psychologische Merkmals- und Aussagenanalyse des Apothekerberichts und das darin festgehaltene Streitgespräch der herbeigerufenen Mediziner ergibt.[82]

Die depressiven Gefühlszustände Luthers wechseln ab mit überfrohem, drogenartigem Glücksgefühl, prophetischem Sendungsbewußtsein und einem nicht mehr zu übersteigenden Selbstwertgefühl. Manisch-depressive Gefühlszustände werden neurophysiologisch begleitet durch ein Zuviel oder Zuwenig von bestimmten Neurotransmittern. Menschliche Denk- und Gefühlsvorgänge sind an funktionsgerechte Botenstoffe des Nervensystems gebunden, ohne jedoch eine Funktion oder ein Produkt derselben zu sein, wie die Materialisten glauben. Die Lieferung dieser Botenstoffe verläuft beim gesunden Menschen wohldosiert und bedarfsangepaßt. Beim Manisch-Depressiven ist diese Lieferung und Verwendung aller Wahrscheinlichkeit nach gestört durch ein Zuviel, ein Zuwenig, am falschen Ort oder zur falschen Zeit sowie durch mangelnde Aufnahmefähigkeit. Wie sich das psychisch auswirkt, läßt sich am Beispiel des „Turmerlebnis" in etwa anschaulich machen: „Ich war von einem hartnäckigen Drang gepackt worden, den Paulus des Römerbriefes zu verstehen. Nicht mangelndes Interesse (non frigidus circum praecordia sanguis) hatte mich bisher daran gehindert, sondern ein einziges Wort im ersten Kapitel: ‚Die Gerechtigkeit Gottes wird in ihm (Evangelium) geoffenbart' (Röm 1,17). Denn dieses Wort ‚Gerechtigkeit' haßte ich. . . Obwohl ich als Mönch ein untadeliges Leben führte, fühlte ich mich vor Gott als Sünder mit ganz unruhigem Gewissen. Ich fühlte, daß ich nicht darauf vertrauen konnte, ihn durch mein genugtuendes Werk zu versöhnen. Ich liebte diesen gerechten Gott, der die Sünder straft, nicht, ich haßte ihn vielmehr. Mit einem unterdrückten, wenn nicht schon blasphemischen, so doch ungeheuren Murren, das mich gegen Gott aufbrachte, sagte ich: ‚Ist es nicht genug, daß die armen Sünder bedrückt sind. . . daß er uns noch durch das Evangelium seine Gerechtigkeit und seinen Zorn aufládt?' So raste ich mit wildem und verstörtem Gewissen. Aber ich pochte doch in meiner Not weiter an jener Stelle bei Paulus an, in heißer Begierde zu wissen wünschend, was doch St. Paulus meine. Bis ich, grübelnd die Tage und Nächte, durch Gottes Barmherzigkeit auf den Zusammenhang jener Stelle achtete, nämlich: ‚Die Gerechtigkeit Gottes wird in ihm enthüllt wie geschrieben steht: der Gerechte lebt aus Glauben.' Da fing ich an, die ‚Gerechtigkeit' Gottes zu verstehen als eine solche, durch welche der Gerechte durch Gottes Geschenk (als Gerechter) lebt, nämlich aus dem Glauben (an Jesus Christus). . . Da fühlte ich mich wahrhaft wie neu geboren und wie durch offene Pforten in den höchsten Himmel eingegangen. Und sofort erschien mir das Gesicht der ganzen

Schrift als neu ... So wurde mir jene Paulusstelle wahrhaft zur Pforte des Paradieses."[83] Dies war die seitdem so genannte „reformatorische Entdeckung". Die Art und Stärke dieses Turmerlebnisses ist nicht zu vergleichen mit einem normalen „Aha-Erlebnis". Theologisch neu daran ist keineswegs der Wechsel des Verständnisses von der aktiven zur passiven Gerechtigkeit, was aus der traditionellen Theologie hinreichend belegt ist, sondern neu daran war nur das „sola" Luthers, das aus dem Glauben *allein*, ohne Werke und ohne Liebe, was zwar nicht biblisch ist, wohl aber aus seiner manisch-depressiven Gefühlszuständlichkeit verständlich wird.

Diese seelisch-geistige Störung liegt im Gefühls-, nicht im Erkenntnisbereich. Der Manisch-Depressive sieht zwar die Dinge und ihre Sinngestalt unverfälscht, aber ihre Valenz oder Gefühlstönung ist krankhaft verändert. Der Kranke sieht gleichsam nur noch Formen, aber keine Farben, nur noch hell und dunkel oder schwarz und weiß; darum die Einseitigkeit seiner Auswahl (dilectio); er ist gefühls- oder bedeutungsblind. Der affektiv Erkrankte verfährt „dilektiv", auswählend, setzt die Gewichte des Wahrgenommenen nach seiner defekten Gefühlszuständlichkeit. Auch der Gesunde verhält sich dilektiv, soweit und solange das nur eben möglich ist; er assimiliert das Neue, paßt es seinen erprobten Denkvorstellungen und bisherigen Erfahrungen an. Wenn aber die harte Wirklichkeit der Sinnes- und Bedeutungserfahrung unumgänglich anders, stärker wird und bleibt, ändert er seine bis dahin gültigen Vorstellungen, stellt sich auf die neuen Gegebenheiten um, akkommodiert sich. Bei der Assimilation passen wir die Dinge und Gegebenheiten *uns* an, bei der Akkommodation passen wir uns den *Dingen*, der außersubjektiven Wirklichkeit an. Der Manisch-Depressive dagegen ist durch seine Bedeutungs- und Gefühlsblindheit oder Einseitigkeit nicht in der Lage, sich umzustellen, sich zu akkommodieren; er assimiliert nur. Hier liegt ein wesentlicher Schlüssel oder Zugang zum Persönlichkeitskern Luthers und seiner Theologie, die wir aus den angeführten Erklärungen heraus „Assimilierungstheologie“ nennen möchten. Von hier aus wird sein sonst so schwer- bis unverständliches Verhalten nachvollziehbar; sein manisches Sendungsbewußtsein und krankhaft übersteigertes Selbstwertgefühl, das immer wieder umschlug in Überheblichkeit, Verachtung und Haß gegenüber Andersdenkenden und Andersglaubenden. Er konnte nur „sein“ Evangelium und sein „sola“ gelten lassen, weil nur diese Einstellung ihn vor dem Sturz in die Depression bewahrte, das Medikament war, das ihm Heilung oder Linderung ermöglichte. Seine bis zur totalen Erschöpfung versuchte Werkgerechtigkeit hat dem auf anderen Gebieten früher so Erfolgsgewohnten spürbar gemacht, daß „der Mensch total verderbt“ und zu keiner guten Tat fähig ist. Die Euphorie des Turmerlebnisses hatte ihn aus der Depression befreit; und Erfolgserlebnisse haben nun einmal die verstärkte Tendenz, nicht nur wiederholt zu werden, sondern überdies auch noch das Anspruchsniveau zu heben, wie es auch bei Luther deutlich zu beobachten ist. Die Zweipoligkeit seiner manisch-depressiven Krankheit bedingt auch, daß seine Äußerungen häufig ambivalent bis widersprüchlich sind, je nach manisch oder depressiv erlebter Phase.

Luthers prophetisches Sendungsbewußtsein darf natürlich nicht a priori als Krankheitssymptom abgetan werden, da prophetische Sendung in der Heilsgeschichte des Alten und Neuen Bundes häufig anzutreffen ist und als solche von krankhaften Wahnvorstellungen unterschieden werden muß und kann. Mangelnde psychopathologische Erfahrung, aber auch fehlende Kenntnisse der Theologie und Psychologie machen es fast unmöglich, echte prophetische Sendungen von religiösen Wahnideen und halluzinogenen Erscheinungen zu unterscheiden. Ein echter Prophet muß sich

„ausweisen“ durch entsprechende, real bezeugte Worte *und* Taten, wie Mose oder Christus, und/oder durch Eintreffen von Voraussagen, wie es z. B. Jeremia gegenüber dem falschen Propheten Hananja gefordert und für sich in Anspruch genommen hat (Jer 28,1-17).
Die moderne Bibelwissenschaft hat zwar andere Auffassungen über das reale Geschehen der Worte und Taten Jesu in den Evangelien oder die prophetischen Zeichen des Mose — diese Auffassungen wurzeln letztlich in dem reflexiven Glaubensbegriff Luthers, der den „historischen“ Glauben ausdrücklich ablehnt —, die Psychologie der Zeugenaussagen dagegen erweist sie als „real erlebte Geschehnisse“, von Augen- und Ohrenzeugen wahrgenommen und als solche bezeugt.[84] Wie weist sich nun Luther aus? In einem Brief an seinen Landesherrn Kurfürst Friedrich von Sachsen schreibt er am 5. März 1522: „Von meiner Sache, gnädigster Herr, antworte ich also: Eure Kurfürstliche Gnaden weiß, oder weiß sie es nicht, so laß sie es hiermit kund sein, daß ich das Evangelium nicht von Menschen, sondern allein vom Himmel durch unsern Herrn Jesum Christum habe, daß ich mich wohl hätte mügen — wie ich denn hinfort tun will — einen Knecht und Evangelisten rühmen und schreiben.“[85] Alle anderen Hinweise auf den Ursprung seiner prophetischen Sendung sind von gleicher Allgemeinheit und Diffusität. Luther *behauptet* nur und deutet autonom seine schlichte Überzeugung, um nicht zu sagen Autosuggestion, beschreibt und begründet sie aber nicht. Der Grund liegt einzig und allein in ihm selbst, ist reflexiv statuierend, wie Paul Hacker sagen würde, d. h. er ist pathologisch. Einen konkreten (historischen) Beweis, wann, wo und auf welche Weise er „sein Evangelium“ von Christus empfangen hat, gibt er nicht, kann er nicht und will er auch gar nicht angeben. Da er bzw. seine Anhänger aber doch nicht ganz darauf verzichten können — was psychologisch selbst-

verständlich ist —, spricht er in Anspielung auf das Gewittererlebnis von Stotternheim von „Lichterscheinungen am Himmel", die dann sogar in ein Damaskuserlebnis umfunktioniert werden. Diese bleiben jedoch im Vergleich zu dem sehr konkreten und originellen Erlebnis des Paulus und seiner Begleiter im halluzinatorisch Allgemeinen stecken. Bei Paulus finden wir zu den Zeit- und Ortsangaben seiner Visionen (Damaskus und Arabien) auch inhaltliche Mitteilungen sowie seine Rückversicherung bei Kephas und den „Säulen" der Kirche von Jerusalem, um so sicher zu gehen, nichts Abweichendes verkündet zu haben. Er hatte ja das Evangelium nicht in Palästina als Augenzeuge erlebt, sondern in Visionen während seines Aufenthaltes in Arabien. Luthers Überzeugung von seiner prophetischen Sendung als „Evangelist" resultiert aus seinem Studium und seiner Wirkung auf die Menschen seiner Zeit, im Kern aber auf seinem pathologischen Glaubensbegriff und seiner manischen Selbstüberschätzung.

Diese schlägt ganz symptomatisch um in Verteufelung aller Andersdenkenden, ob Papisten, Bauern, Juden, Schwarmgeister, Wiedertäufer, Zwinglianer usw.. Obwohl er die Gewissensfreiheit vor dem Kaiser in Worms verteidigt, d. h. für sich in Anspruch genommen hat und nur die Schrift allein als Glaubensquelle gelten läßt, deren Auslegung keines Lehramtes bedarf, läßt er tatsächlich nur *sein* Evangelium gelten. Abweichende Auslegungen sind des Teufels. Seine grobianistischen Entgleisungen, seine Koprolalie und Haßtiraden sind so außergewöhnlich ausfallend, daß sie sogar den darin abgehärteten Nietzsche zu der Äußerung bewegen: „Die gräßliche hochmütige gallig-neidische Schimpfteufelei Luthers, dem gar nicht wohl wurde, wenn er nicht vor Wut auf jemanden speien konnte, hat mich zu sehr angeekelt. Gewiß haben sie recht mit der ‚Förderung der europäischen Demokratisierung' durch Luther, aber gewiß war dieser rasende Bauern-*Feind* (der sie wie tolle Hunde totschlagen ließ und eigens den Fürsten zurief, jetzt könne man mit Schlachten und Würgen von Bauernvieh sich das Himmelreich erwerben) einer der *unfreiwilligsten* Förderer derselben."[86]

Am überheblichsten und ausfälligsten zeigt sich Luther gegenüber seiner alten Kirche, den Papisten: „. . . ich kann Psalmen und Propheten auslegen; das können sie nicht. Ich kann die Heilige Schrift lesen; das können sie nicht. Ich kann beten, das können sie nicht . . . Luther will's so haben und spricht, er sei ein Doctor über allen Doctoren im ganzen Papsttum."[87] Tradition und Kirchenväter bedeuten ihm nichts: „. . . (bezüglich der Messe) stemme ich mich wider alle Aussprüche der Väter, der Menschen, der Engel und Teufel und zwar unter Berufung auf ‚alten Brauch und Überlieferung' noch so vieler Menschen, sondern einzig und allein auf das Wort der ewigen Majestät, auf das Evangelium, das auch die Gegner anzuerkennen gezwungen sind . . . Das ist Gottes Wort, nicht das unsrige. Hier stehe ich, hier sitze ich, hier bleibe ich, hier poche ich, hier triumphiere ich, hier trotze ich mit Hohn allen Papisten, Thomisten, Heinrichisten (König Heinrich von England), Sophisten und allen Pforten der Hölle, geschweige denn allen Aussprüchen von Menschen, auch der heiligsten und täuschendsten Gewohnheit."[88] In einem Brief an G. Spalatin vom 21. August 1544 schreibt er: „Ich kann dem Freund und Feind nur sagen: nimm gläubig an, was Christus durch mich zu dir spricht; denn ich irre nicht, soviel ich weiß. Ich rede nicht Satanisches. Christus redet durch mich."[89] Hier paßt nur noch der Begriff „Unfehlbarkeitswahn", eine psychopathische Abwehrreaktion gegen die als übermächtig erlebte Autorität des Papstes und der Konzilien, die zu brechen ihm allein bisher gelungen ist. Das ist nicht als Ta-

del aufzufassen, sondern lediglich als psychopathologische Diagnose.
Gleiches gilt von der vielleicht ausfälligsten Schrift Luthers ein Jahr vor seinem Tod „Wider das Papsttum in Rom, vom Teufel gestiftet". A. Läpple nennt es „menschlich nur schwer verständlich und religiös außerordentlich erschütternd", wenn Luther dem Papst und den Teilnehmern des angekündigten Konzils von Trient (1545-1563) wünscht: „. . . man soll den Papst, die Kardinäle und alles Gesindel seiner Abgötterei und päpstlichen Heiligkeit nehmen und ihnen, als Gotteslästerern, die Zungen hinten am Hals herausreißen und der Reihe nach an den Galgen annageln. . . Danach ließe man sie ein Concilium oder wie sie wollen, halten am Galgen, oder in der Höllen unter den Teufeln."[90] Dabei hatte doch Papst Hadrian VI. in seinem berühmt gewordenen Schuldbekenntnis durch seinen Legaten in Nürnberg (1523) verlesen lassen: „. . . Wir wissen wohl, daß auch bei diesem Heiligen Stuhl schon seit manchem Jahr viel Verabscheuungswürdiges vorgekommen, Mißbräuche in geistlichen Sachen, Übertretungen der Gebote, ja, daß alles sich zum Argen verkehrt hat. So ist es nicht zu verwundern, daß die Krankheit sich vom Haupt auf die Glieder, von den Päpsten auf die Prälaten verpflanzt hat."[91] Das alles focht Luther nicht an, konnte es nicht, da er sich in dieser Hinsicht selbst als nicht geringerer Sünder wußte und um ihn herum noch Schlimmeres geschah, so daß er aus Wittenberg wegzuziehen wünschte. Seine theologischen Rationalisierungen lagen tiefer, nämlich in seiner Krankheit.

5. Luthers Theologie

Wer nichts von Luthers Krankheit weiß oder sie in Frage stellt, wird seiner Persönlichkeit nicht gerecht, muß notgedrungen viele Fragezeichen setzen. Aber nicht nur seine Persönlichkeit, sondern auch sein Werk, seine Theologie, bleibt ohne diese Berücksichtigung ein Buch mit vielen Siegeln, da seine seelisch-geistige Störung mit darin eingeht. Luthers theologische Fragestellung ist im Grunde eine urpsychologische, ja psychopathologische. Sie steht nicht nur unter dem Einfluß, sondern geradezu unter dem Zwang seiner Persönlichkeitsstruktur und traumatischen Erlebnisse. Sie ist im Kern der geniale Versuch einer Selbstheilung mit theologischen Mitteln und darum keine Theologie, sondern Metapsychologie. Erfahrungsbestimmte Theologie kann die Verkündigung lebendig und anschaulich machen, sie darf aber nie die „Mitteilungen Gottes" am Verständnis des Predigers oder seiner Zuhörer messen; noch weniger an der menschlich „empfundenen" Zumutbarkeit und Verarbeitungsfähigkeit. Durch die krankhafte Störung seiner Gefühlsfunktion in die depressive *und* manische Richtung und die dadurch bedingte Unfähigkeit zur Akkommodation wählt Luther einerseits aus, und zwar im Sinne der je augenblicklichen Gefühlszuständlichkeit, andererseits kommt er durch diese diskontinuierliche Zweipoligkeit, die schon mehr eine Spaltung ist, immer wieder zu ambivalenten bis widersprüchlichen Aussagen. Denken und Fühlen finden bei ihm nicht zueinander, laufen auseinander ins Paradoxe, pendeln zwischen These und Antithese, ohne jedoch zur Synthese zu finden, die er bewußt ganz entschieden zurückweist als Irrtum der Papisten. Einerseits seine absolute vierfache „Sola-Theorie", die er rationalisierend zwar unnachgiebig aufrechterhält, andererseits aber kompensierend wieder etwas auffängt in seiner für ihn symptomatischen „Doppel-Theorie" („doppelte Gerechtigkeit", „doppelte Sünde", „doppelte Kreuzigung" usw.), um sie aber gleich wieder in Frage zu stellen durch die scharfe Ablehnung der Synthese oder der „Vermischung", wie er es nennt.

Daß Luther den Deutschen Idealismus wesentlich beeinflußt hat, vor allem Hegel, steht außer Frage.[92] Wer Luther nicht kennt, denkt an den Grundannahmen dieses Idealismus vorbei. Auf die „Doppel-Theorie“ Luthers und sein „diskontinuierliches“ Argumentieren besonders aufmerksam gemacht zu haben, gehört zu den Verdiensten von Beer. Hacker spricht vom „drohend Irrationalen, das in Luthers *antithetischem Korrelationismus*“ liegt,[93] wobei zu fragen bleibt, ob hier noch von Korrelation gesprochen werden darf.

Luthers Rechtfertigungs- und Verzweiflungstheologie kann mit Fug und Recht eine „Assimilierungs-Theologie“ genannt werden. Er steht unter dem neurotischen bis psychotischen Zwang der Auswahl dessen, was *ihn* tröstet, seine Depressionen heilt und seine Leidenschaften entschuldigt. Unter diesem Druck entwickelt er seine vierfache „Sola-Theorie“, seine Lehre von der „doppelten Gerechtigkeit“ u. a. mit einer Menge theologischer und psychologischer Ungereimtheiten. „Wenn sie auch manchen geistreichen Einfall hervorbringen können und imstande sind, Wahrheiten zu sagen, die anderen nicht in den Sinn kommen, so sind die Urteile doch meist oberflächlich, einseitig und voreilig,“ sagt Bleuler von den Ideenflüchtigen in der Manie.[94] Luther assimiliert, vergewaltigt den Text der Schrift, paßt ihn seinem Verständnis und Heilungsbedürfnis an. So erkennt er beispielsweise nicht die ganze Heilige Schrift als kanonisch an, auch wenn er sie sprachlich exzellent übersetzt, sondern sortiert aus nach „seinem“ Prinzip, indem er zwischen kanonischen und nicht-kanonischen Büchern unterscheidet, zwischen solchen nämlich, die das Heilswerk (im Sinne Luthers) besonders hervorheben und solchen, die es seiner Meinung nach nicht tun. Der Jakobusbrief mit seinem Kernsatz „der Glaube ohne Werke ist tot“ (Jak. 2,26), wird von ihm als „stroherne Epistel“ abgestempelt, obwohl er andernorts wieder damit argumentiert, um seine Vorstellung vom „dämonischen Glauben“ zu belegen. Sogar die Briefe des Apostels Paulus, den er mit Vorliebe als seinen Gewährsmann zitiert, bleiben nicht verschont von seiner einseitigen, auf ihn zugeschnittenen Auslese. Wenn man sich einmal die Mühe macht, die von ihm als Beweis angeführten Schriftstellen genau nachzulesen, ist man mehr als nur erstaunt über diese geradezu krankhaft kühne Art, den Text der Schrift auf die eigenen Bedürfnisse zuzuschneiden. Das gleiche Assimilierungsprinzip zeigt sich in allen Bereichen, in denen er seine „Sola-Theorie“ anwendet (der Glaube allein, die Schrift allein, die Gnade allein, Christus allein). Obgleich Luther ein eigenes Glaubensverständnis entwickelt hat, auf das noch näher eingegangen wird, und er jeden psychologischen oder historischen Glaubensbegriff für das Verständnis der Schrift (cf. Bultmann) und der Rechtfertigung als „dämonischen Glauben“ ablehnt, muß hier doch zunächst psychologisch analysiert werden, was unter „Glauben“ zu verstehen ist. Glauben *allein*, ohne Früchte oder Werke (der Liebe oder Ablehnung) ist so unmöglich wie Feuer ohne Wärme und Bewegung ohne Energie. Jeder menschliche Erkenntnis- und Glaubensakt (der ja auch ein Erkennen ist), gründet auf sensomotorischen Erfahrungen (Sinneswahrnehmungen). Nichts ist im Intellekt (materialiter), was nicht vorher durch die Sinne aufgenommen worden ist, außer der Intellekt selbst. Glauben ist ein Erkennen und Anerkennen mit Erfahrungslücken. Glauben und Erkennen sind zwar *mehr* als sensomotorische Wahrnehmung, aber ein wahrnehmungs*unabhängiges* Erkennen und Glauben ist in diesem Leben ebenso unmöglich wie ein körperloser, rein geistiger Mensch. Nur halluzinogenes Glauben und Erkennen sowie unmittelbare übernatürliche Eingebungen Gottes folgen eigenen Gesetzen, obgleich auch bei Halluzinationen und sogar bei Visionen und dergleichen noch Elemente und Strukturen gespeicherter Erfahrung mitbeteiligt sind; anders wären sie nicht mitteilbar. Die beim Glauben vorhandenen Erfahrungslücken werden durch Vergleich und Schlußfolgerungen aus *ähnlichen* Erfahrungen oder durch das Wissen und die Erfahrungen anderer, vertrauenswürdiger Personen ausgefüllt. Vertrauenswürdig aber sind sie wieder nur durch „treue", wiederholte Erfahrungen, die wir mit ihnen gemacht haben, nämlich daß das, was sie gesagt und getan haben, der Wahrheit und Wirklichkeit entsprach, die wir danach erfahren haben.

Diesen erfahrungs- und erlebnisgestützten Glauben, der je nach Helligkeit und Wärme entsprechende Folgen hat (Werke oder Früchte), wie das Licht des Feuers Wärme und Bewegung, diesen Glauben meint die Heilige Schrift. Über dies hinaus bekommt er noch als übernatürlicher Glaube die Qualität und Hilfe der Gnade hinzu, weil er auf ein übernatürliches Ziel gerichtet ist, das mit natürlichen Kräften nicht erreichbar ist. Die Gnade des Rechtfertigungsglaubens basiert auf der Natur des beschriebenen psychologischen Glaubens, wertet ihn wesentlich auf, verzichtet aber nicht auf ihn. Nur so ist es auch der Glaube dessen, der glaubt und überhaupt erst Glaube. Das Buch der Weisheit (13,1-9) sowie Röm 1,19 f nehmen ausdrücklich Bezug auf solche Sinneserfahrungen und sprechen diejenigen schuldig, die dennoch trotz dieser Erfahrungen nicht zum Glauben kommen. Auch Jesus weist mehrmals auf das Zeugnis seiner Werke hin: „Wenn ich nicht gekommen wäre und nicht zu ihnen gesprochen hätte, wären sie ohne Sünde; jetzt aber haben sie keine Entschuldigung für ihre Sünde ... Wenn ich bei ihnen nicht die Werke vollbracht hätte, die kein anderer vollbracht hat, wären sie ohne Sünde. Jetzt aber haben sie *gesehen*, und dennoch hassen sie mich und meinen Vater" (Joh 15,22). Und in Kapitel 12,37 stellt der

Evangelist fest: „Obwohl Jesus so viele Zeichen *vor ihren Augen* getan hatte, glaubten sie nicht an ihn." Auf dem Areopag sagt Paulus zu den Athenern: „Gott, der über die Zeiten der Unwissenheit hinweggesehen hat, läßt jetzt (da er sichtbar erschienen ist) den Menschen verkünden, daß überall alle umkehren sollen. Denn er hat einen Tag festgesetzt, an dem er den Erdkreis in Gerechtigkeit richten wird durch einen Mann, den er dazu bestimmt und vor allen Menschen dadurch *ausgewiesen* hat, daß er ihn von den Toten auferweckte" (Apg 17,30-31). Gott ist in Jesus von Nazareth sensomotorisch wahrnehmbar, empirisch erfahrbar geworden und zwar unmittelbar in seiner Person, seinen Worten und Taten den Augen- und Ohrenzeugen („Was von Anfang an war, was wir gehört haben, was wir mit unseren Augen gesehen, was wir geschaut und was unsere Hände angefaßt haben, das verkünden wir . . ." 1 Joh 1,1), und mittelbar durch ihr Zeugnis im Evangelium und in der lebendigen Kirche. Das so Erfahrene und Mitgeteilte übersteigt alle Mythen und alles bisher Dagewesene und Erdachte. Die Ablehnung oder Nicht-Beachtung dieses Jesus von Nazareth ist nicht mehr entschuldbar und wird denen, die nicht glauben, obwohl sie ihn kennengelernt haben, zum Gericht. Die Frage nach der Existenz Gottes ist seitdem keine philosophische mehr, die ohne schwerwiegende Konsequenz verneint werden kann, sie ist durch die Menschwerdung Gottes zu einer empirischen geworden. Die empirische Psychologie, insbesondere die Wahrnehmungs- und Gedächtnispsychologie sowie die Psychologie der Zeugenaussage, verfügen über das wissenschaftliche Instrumentarium, die *Worte* und *Taten* Jesu, wie sie in den Evangelien bezeugt sind, als wirklich erlebte und real geschehene historische Fakten nachzuweisen. Sie sind die psychologisch unentbehrliche Basis unseres christlichen Glaubens. Wo dieses Fundament aufgegeben und für überflüssig oder nebensächlich angesehen wird — Luther hält es für dämonisch —, macht sich jeder seinen eigenen, unverbindlichen Glauben „zum eigenen Ohrenkitzel“ (2 Tim 4,3). Nicht die kognitive, sondern nur die dilektive Funktion des Menschen, sein „Herz“, kann sich noch der Zustimmung zu diesen Zeugnissen verschließen. Gott „fängt die Weisen in ihrer eigenen List“ (1 Kor 3,19), d. h. er wird sie mit den Ergebnissen ihrer eigenen Wissenschaft überführen. Dies ist die psychologische „conditio sine qua non“ des biblischen, traditionell-theologischen und historischen Glaubens.

Luthers Glaubensverständnis kann in diesem Rahmen nur skizzenhaft dargestellt werden. Eine brillante Analyse dazu bieten Hacker und Beer, auf die hier nur verwiesen werden kann.[93] Nach Luther ist der Glaube ausschließlich Gottes Werk, nicht des Menschen. „Der Glaube ist Gottes, nicht des Menschen Werk. Alle anderen Werke wirkt Gott mit uns und durch uns, dieses allein wirkt er in uns und ohne uns.“[96] Er wirkt allein inwendig, ichbezogen (für mich) und ohne jeden Bezug zu äußeren Erfahrungen. Der Glaube zielt auf die persönlich *gefühlte* Heilsgewißheit, nicht auf Christus selbst. Christus ist nur Mittel zum Zweck, nicht etwa Zielpunkt liebender Vereinigung oder Mittler einer solchen Vereinigung. Durch ihn wird der Zorn Gottes von *mir* abgewendet. Die Liebe hat in diesem Glauben keinen Platz, weder die Gottes- noch die Nächstenliebe. Liebe zu Gott gibt es bei Luther nicht, sie wäre verdammliches Gesetzeswerk; „maledicta sit caritas“, sagt er im großen Galaterkommentar. Über die Nächstenliebe hat Luther viele lobenswerte Worte gefunden. Sie hat aber keinerlei Heils- und Verdienstwert im Hinblick auf Gnade und Sündenvergebung, sondern nur hinsichtlich der Gabe Gottes (donum). „Nicht einmal die irdische Person Jesu und etwa seine Wunder sind der letzte (!) Grund des Glaubens an das Wort (aber doch *irgendein* Grund?), sondern ‚das Wort für sich selbst' . . . muß dem Herzen genugtun, den Menschen beschließen und begreifen, daß er gleich drin gefangen *fühlet*, wie wahr und recht es sei, wenngleich alle Welt . . ., ja wenn Gott gleich selbst anders sagte."[97] Das Ich allein muß es fühlen und diesen Glauben „ergreifen" (apprehendere). „Durch das ‚innere Urteil' (iudicium interius) urteilt *jeder*, durch den Heiligen Geist oder die besondere Gabe Gottes erleuchtet, mit höchster Sicherheit (certissime) und entscheidet die Dogmen und Meinungen *aller* . . . Dies gehört zum Glauben und ist jedem Christen, auch einem Laien (privatus) notwendig" zum Heil.[98] „Wer zweifelt, ist verdammt."[99] „Es muß ein jeglicher allein darum glauben, daß es Gottes Wort ist und daß er *inwendig* befinde, daß es Wahrheit sei,"[100] ohne jede psychologische, historische oder gar lehramtliche Stützung oder Beteiligung. „Das Evangelium hat das als Eigenart, daß es durch menschliche Historien nicht gegeben wird,"[101] das wäre „dämonischer" Glaube.

Dieser erfahrungsunabhängige, ausschließlich gottgewirkte, rein inwendige und beziehungslose Glaube ohne Angelegtsein auf Liebe und Mitteilung ist sowohl psychologisch als auch biblisch ein Un-Ding, enthält alle wesentlichen Kennzeichen manisch-depressiver Wahnvorstellungen, die da sind: (a) überdimensionale Selbstsicherheit und Überzeugung; (b) Unbeinflußbarkeit durch Erfahrung oder zwingende Schlüsse, also fehlende Akkommodationsfähigkeit; (c) absolute Unkorrigierbarkeit auf dem Höhepunkt der Krankheit; (d) der Wahninhalt wird von niemand oder fast niemand aus seiner Umgebung so akzeptiert.

Luthers Unbeugsamkeit und Unkorrigierbarkeit braucht nicht weiter belegt zu werden. Jeder, der anderer Meinung war als er, war des Teufels, nicht nur die Papisten, Zwingli etc., sondern sogar seine nächste Umgebung, namentlich Melanchthon und seine Gesinnungsfreunde. Viele Autoren

versuchen zwar, das Verhältnis Luthers zu Melanchthon zu glätten und euphemistisch darzustellen,[102] in Wirklichkeit aber ging es bis an die Grenzen gewalttätigen Hasses und „schändlicher Sklaverei", wie es Melanchthon einmal bezeichnete. Luthers Flucht aus Wittenberg im Sommer 1545 war weniger wegen der beklagten Sittenlosigkeit erfolgt als wegen der unerträglich gewordenen Spannungen mit Melanchthon und den „Sakramentierern". Als Luther 1545 eine Verurteilungsschrift (gleichsam ein Bannschreiben) gegen Melanchthon und die Wittenberger Professoren abfassen wollte, ließ ihm der Kurfürst durch seinen Kanzler Brück am 26. April ausrichten, „daß er sich eines so betrübenden Schrittes enthalten möge."[103] Ohne Melanchthons Nachgiebigkeit und immer wieder bis zur Zerreißprobe ausgleichende Art — um die Reformation zu retten — und die Wachsamkeit des Kurfürsten, wäre die reformatorische Bewegung damals zerfallen. Cochläus hat das sehr bald erkannt.[104] Luthers unerwarteter Tod in Eisleben wurde von Melanchthon sogar mit Genugtuung aufgenommen, wie Luthers Arzt Ratzeberger später geäußert hat. Da Melanchthon nach dem Tode Luthers dessen Führungsrolle übernahm, sah er auch die Gelegenheit gekommen, endlich seine Theologie zur Geltung zu bringen, sie aber weiterhin in den Mantel der Autorität Luthers zu kleiden. So ist die evangelische Kirche bis heute zwar ihrem Etikett nach eine lutherische, inhaltlich aber ist sie im wesentlichen eine melanchthonische. Der Original-Luther ist dadurch über Jahrhunderte verdeckt geblieben, wie auch der Pietismus beweist, der aus Luthers Theologie nicht abzuleiten ist.
So trifft auch das letztgenannte Kennzeichen des Wahns, nämlich in seinen Ideen von seiner Umgebung nicht mitgetragen zu sein, auf Luther zu, entgegen weitverbreiteter anderer Vorstellungen. Luthers absolute „Sola-Theorie" und seine für ihn nicht zu integrierenden „Doppel-Theorien"

sind Symptome einer gestörten seelisch-geistigen Funktion, entstanden aus der endogen und exogen bedingten Angst vor dem drohenden Zorn des „in sich grausamen Gottes“ und der zwanghaften Einbildung, nichts Gutes tun zu können und sündigen zu müssen. Dieser Glaube ist psychologisch so anomal wie Feuer ohne Wärme und Antriebskraft, wie Erkenntnisfunktion ohne Gerichtetheit auf Gefühls- oder Wertungs- und Mitteilungsfunktion, obgleich sie eine unauflösliche Wirkeinheit darstellen. Vor allem die Mitteilungsfunktion weist notwendig auf das Überschreiten des Inwendig-, des Insichgefangen- und Sterilseins hin, so wie das Vatersein auf das Sohnsein oder wie das Gliedsein auf den ganzen Leib. Die Transzendenz des Ich gehört wesentlich zum Erkenntnis- und Glaubensakt. Der rein immanente, ichverhaftete und erfahrungsunabhängige Glaube Luthers ist Zeichen seiner schweren Krankheit und wird tragischerweise zum Ausgangspunkt folgenschwerer Irrtümer in Theologie und Philosophie. Sowohl der Deutsche Idealismus als auch Bultmanns „radikale Entmythologisierung“ und nicht weniger Karl Barth mit seiner entschiedenen Ablehnung der „analogia entis“ sind von diesem Glaubensverständnis Luthers entscheidend geprägt worden. „Die Antithese von Historie und Kerygma, die der Exegese als neues Dogma gilt,“[105] ist ohne ihre lutherische Wurzel überhaupt nicht denkbar.

Krankheitsbedingt ist auch die Behauptung Luthers von der „Schrift allein“. Damit verwirft er im Grunde seine eigene Theologie und Schriftauslegung, die ja, indem er sie mitteilt, sogleich Beginn oder Teil einer Tradition wird. All dies sind seelische Abwehrmechanismen, krankheitsbedingtes Unvermögen, sich umzustellen. Er konnte wohl nicht anders, als *sein* Evangelium gelten zu lassen, weil es ihn sonst wieder in dunkelste Depressionen gestürzt hätte. Deshalb kämpfte er gegen jedermann, der ihm seinen Halt durch abweichende Auffassungen zu nehmen drohte. Sie waren des Teufels und er wünschte ihnen, daß sie zur Hölle führen. Es darf auch nicht übersehen werden, daß das Festhalten an der These von der „Schrift allein" dieser selbst das Fundament abgräbt, da sie eine Frucht der Tradition ist und erst die Tradition festlegen konnte, was überhaupt „Heilige Schrift" ist und was nicht, von Luther selbst mehrmals eingeräumt, der dann aber doch wieder den kanonischen Ursprung der einzelnen Bücher nach seinem Assimilierungsprinzip bestimmt. Und wer kann noch bei dieser Einstellung mit Überzeugung das *Credo* beten?

Luther ging im allgemeinen davon aus, was er spürte oder zu spüren vermochte, wie das Beispiel von der Galgen- und Liebesreue u. a. deutlich macht; oder davon, was er verstehen und verständlich machen konnte. Dies und seine außergewöhnliche Fähigkeit, Erlebtes in anschaulische, allgemeinverständliche Sprache umzusetzen, hat ihm die einmalige Suggestivkraft verliehen, die er durch Erfolgsrückmeldungen immer noch zu verstärken wußte. Er hat „dem Volk aufs Maul geschaut": den Frauen am Herd, den Kindern auf der Straße und den Männern auf dem Markt. Allerdings lag seine sprachschöpferische Kraft weniger im Begrifflichen, wie etwa bei Meister Ekkehart, als vielmehr im Lebendig-Anschaulichen. Eigentlich war er mehr horchender Sprachsammler als Sprachschöpfer. Diese Gegebenheiten machen seine Persönlichkeit resp. seine Schriften zu einer fast unausschöpflichen Fundgrube für Forscher der Sprach- und Literaturwissenschaft, der Homiletik und vor allem der Psychologie und Psychopathologie.

Die gleiche manisch-depressive Eigentümlichkeit haftet auch seiner Methode an, die Heilige Schrift zu „verdolmetschen". Seine Ausbrüche gegen die Messe und seine Verdolmetschung des „Englischen Grußes" sind ein beredtes Zeugnis dafür. Subjektiv ist die Rechtfertigungslehre der

Schlüssel zu *seinem* Evangelium, seiner Metapsychologie. Der objektive Zugang und rote Faden durch das Labyrinth seiner theologischen Vorstellungen liegt in seiner Trinitäts- und Inkarnationslehre und der ihr zugrunde liegenden Philosophie, die noch von den meisten mißverstanden wird. Durch Luthers pathologische Gefühlszuständlichkeit wurde die Rechtfertigungslehre zur Abwehrwaffe gegen seine Verzweiflung, aus der ihn sein manisch-euphorisches „Turmerlebnis“ vorübergehend erlöste. Dieses Erlebnis wirkte auf ihn wie eine befreiende Psychotherapie. Mehr als das war es im Grunde nicht, keine wahrhaft „Frohe Botschaft“, da für ihn Christus zwar die Sünde auf sich nimmt als die seine, den Zorn Gottes abwendet, jedoch den Menschen in seiner wesentlichen Verderbtheit und Sünde beläßt, sie nur nicht anrechnet, nur „zudeckt“, nicht aber innerlich verwandelt oder gar „teilhaben“ läßt an der göttlichen Natur. Hier wird deutlich, daß er im Grunde keine Theologie betreibt, sondern nur Metapsychologie. Der Christ braucht sich nicht mehr zu mühen, „gute Werke“ tun zu müssen. Er kann sogar sagen: „Du machst uns gerecht, wenn du uns zu Sündern machst.“[106] Und in dem berühmt gewordenen Brief an Melanchthon vom 1. August 1521 schreibt Luther: „Sei ein Sünder und sündige kräftig (pecca fortiter), aber vertraue noch kräftiger und freue dich in Christus, der der Sieger ist über Sünde, Tod und Welt. Wir müssen sündigen, solange wir hier sind. . . Es genügt, daß wir durch den Reichtum der Herrlichkeit Gottes das Lamm, das der Welt Sünde trägt, anerkannt haben; von ihm wird uns die Sünde nicht fortreißen, auch wenn wir tausend- und abertausendmal an einem Tage huren oder töten.“[107] Im Menschen verändert sich nichts, er bleibt wie er ist, Christus wendet nur die Drohung Gottes von uns ab, läßt unsere Sünden sich anrechnen, gibt uns nicht einmal in der Ewigkeit „Anteil“ an der göttlichen Natur.[108] Wir sind nicht verpflichtet zu „guten Werken“, da wir dazu nicht imstande sind wegen der in uns bleibenden Sünde. Wir sollen die „guten Werke“ sogar als Werkgerechtigkeit meiden, um keinen Götzendienst zu tun. Darum dieses „pecca fortiter“. Unsere Sünden gehören durch den Glauben nicht mehr uns, sondern Christus, der sie „verschlingt“. So ist jeder Grund zu Angst und Furcht genommen. „Darum steht“, wie Zahrnt sagt, „am Anfang des Weges zu Gott nicht die unbedingte Forderung Gottes: ‚Du sollst gut sein, Mensch‘ und damit eine Leistung auf seiten des Menschen, sondern die bedingungslose Zusage von seiten Gottes: ‚Ich bin dir gut, Mensch!‘ und damit Gottes Gnade. Was aber besagt Luthers reformatorische Grunderkenntnis anders als eben dies?“[109] Ein schwacher Gott, der nicht imstande ist, den Menschen auch innerlich von der Sünde zu befreien und heilig zu machen, und zwar schon in diesem irdischen Leben. In Wirklichkeit aber geht Gottes Gnade weit darüber hinaus und sagt: Ich bin dir nicht nur gut, sondern ich gebe dir als Geschenk meiner Liebe sogar *mein* Gutsein, mein Leben. Wie der Sohn vom Vater empfangen hat, das Leben *in sich selbst* zu haben, das Leben zu sein, so hat er denen, die an ihn glauben, gegeben, sein göttliches Leben *aus Gnade* zu haben von Jesus Christus durch die Kirche. Wir *haben* nur Leben, wir *sind* nicht das Leben. Weil Gott uns so sehr liebt und weil er sich mit uns vermählen will, uns die ganze Fülle seines göttlichen Lebens in bräutlicher Liebe mitteilen will, hat er uns nicht nur das Gnadengeschenk seines Lebens gegeben (in der Taufe), sondern will, daß wir nicht nur Beschenkte sind, sondern auch die Möglichkeit erhalten, ein Brautgeschenk zu unserer Vermählung mitzubringen, nämlich unsere freie, liebende *Mitwirkung*. Nicht aus uns vermögen wir dies — darum die ständig notwendige Erfahrung unserer Nichtigkeit und Ohnmacht sowie die Unentbehrlichkeit Christi in und durch seine Kirche —, sondern weil uns seine Liebe dazu befähigt und ständig darin halten muß. So unbegreiflich groß ist die Macht und Weisheit der Liebe Gottes. Das hat Luther nie begriffen. Seine quälenden Depressionen und das schier unaufhörliche Spüren seiner Ohnmacht in den Versuchungen haben ihm den Blick dafür getrübt, wenn nicht versperrt. Er konnte es wohl nicht sehen, wie ein Farbenblinder nur bestimmte oder keine Farben wahrnehmen kann.

Zur Trinitäts- und Inkarnationslehre sei vor allem auf das Buch von Beer „Der fröhliche Wechsel und Streit" verwiesen,[110] das die philosophisch-theologischen Hintergründe der Theologie Luthers analysiert. Ein Aspekt verdient wohl besonders, reflektiert zu werden, nämlich daß er Christus nicht als Bild (imago) Gottes ansieht, sondern nach dem Bild Gottes (ad imaginem dei) geschaffen, und zwar hypostatisch, aber *hinzugefügt* zu ihm (Christus qui factus est ad imaginem dei hypostatice, sed additus ad eam).[111] Die Bedeutung dieses Satzes ist nur wenigen aufgegangen, die meisten werden ihn vermutlich gar nicht kennen. Er wirft die ernste Frage auf, ob Luther noch als Christ im Sinne des Evangeliums bezeichnet werden kann. Sie soll hier nicht beantwortet werden. Hier soll nur ein ähnlich gravierender Satz Luthers herausgegriffen werden, den er gegen Augustinus ins Feld geführt hat und an dem sein typischer Ansatz über die Naturen- und Personenlehre deutlich wird und in Abhängigkeit davon seine Mariologie und die Lehre von der Kirche. Luther vertritt die These: „Christus ist der Sohn des Heiligen Geistes", also ein Geschöpf. Dazu einige Bemerkungen: Die Menschwerdung des Logos ist das Werk aller drei göttlichen Personen. Der Engel sagt nicht zu Maria: *der (to)* Heilige Geist wird über dich kommen, sondern „Heiliger Geist" (pneuma hagion). Der Vater spricht sein Wort nach „innen", aber auch nach „außen" in die Schöpfung. „Durch das Wort ist alles geworden, und nichts von dem, was geworden, ward ohne das Wort" (Joh 1,3). Oder: „Alles ist durch ihn und auf ihn hin geschaffen" (Kol 1,16), auch die Inkarnation des Wortes, und zwar zusammen mit dem Heiligen Geist, wie bei der Erschaffung der Welt (Gen 1,2). Wenn Luther bei der Menschwerdung Christi die Analogie der Geschlechter verwendet, was wegen Mißdeutungsmöglichkeiten nicht unbedenklich ist, so kann ihm oder muß sogar mit der gleichen Analogie entgegnet werden: der Heilige Geist ist nicht das „männliche" Prinzip der Inkarnation, sondern das „weibliche". Das „Empfangen vom Heiligen Geist" (*de* Spiritu Sancto, nicht *per* Spiritum Sanctum) kann auch so formuliert werden: der „in Empfang genommen worden ist vom Heiligen Geist, geboren *aus* Maria der Jungfrau".[112] Der Heilige Geist ist auch bei der Inkarnation die dem Wort Gottes angemessene und entsprechende Antwort im Schoß oder Herzen Mariens, die ja nach dem Grußwort des Engels als „gratia plena, dominus tecum" angeredet wird. Damit ist ihr Wesen ausgesprochen, der ihr von Gott gegebene Name. Sie ist „voll der Gnade", sowohl der geschaffenen als auch der ungeschaffenen Gnade, denn „der Herr ist mir dir", und zwar bereits vor der Inkarnation. Sie ist als neue Eva und Mutter aller Lebendigen das Wirkorgan und der Wirkort des Heiligen Geistes, die „Kirche in Person". Bei dem Hervorgang der neuen Eva aus der Seite des neuen Adam geht ihr „Same", die Kirche, die bereits ganz in ihr angelegt ist, mit ihr zugleich hervor, weil bereits voll und ganz mit dem „Samen der Frau" in ihr gegenwärtig. „Ich will Feindschaft setzen zwischen dich und die Frau, zwischen deinen Nachwuchs und ihren Nachwuchs (semen)" (Gen 3,15). Sie ist darum auch die „Braut des Lammes", die unter dem Kreuz gestanden hat, und „Mutter aller Lebendigen", derer, die zum „wahren Israel" gehören, dem „Israel Gottes", dem „geheimnisvollen

Leib Christi". Sie ist Mutter des Hauptes und der Glieder. Und wie der Geist und die Braut in Nazareth die „Antwort" auf das „Wort Gottes" gegeben haben und die Kirche — am Kreuz gezeugt durch das schöpferische „ecce, filius tuus; ecce, mater tua" — am Pfingstfest dann geboren, ausgetragen wurde, so werden auch bei der Vollendung der Kirche, des himmlischen Jerusalems, „der Geist und die Braut sagen: komm!" Denn „gekommen ist die Hochzeit des Lammes und seine Frau (Braut) hat sich bereit (schön) gemacht" (Off 19,7).

Was aber macht Luther aus dem Wesen und Namen Marias, den ihr Gott selbst durch den Engel Gabriel mitgeteilt hat? Das „gratia plena, Dominus tecum" wird zur bloßen Höflichkeitsformel einer Begrüßung: „Item da der Engel Mariam grüsset vnd spricht / Gegrüsset seistu Maria vol gnaden / der Herr mit dir? Wolan / so ists biß her schlecht den lateinischen buchstaben nach verdeutschet / sage mir aber ob solchs auch gut deutsch sey? Wo redet der deutsch man also / du bist vol gnaden? Vnd welcher Deutscher verstehet / was gesagt sey / vol gnaden? Er mus dencken an ein vas vol bier / oder beutel vol geldes / darumb hab ichs verdeutscht. Du holdselige (Luthers Übersetzung von Lukas 1,28: „Gegrusset seystu holdselige. . .") damit doch ein Deutscher / dester meher hin zu kan dencken / was der engel meinet mit seinem grus. Aber hie wöllen die Papisten toll werden vber mich / das ich den Engelischen grus verderbet habe. Wie wol ich dennoch da mit nicht das beste deutsch habe troffen. Vnd hette ich das beste deutsch hie sollen nemen / vnd den grus also verdeutschen / Gott grusse dich du liebe Maria (denn so vil wil der Engel sagen / vnd so wurde er geredt haben / wan er hette wollen sie deutsch grussen) ich halt sie solten sich wol selbs erhenckt haben fur grosser andacht / zu der lieben Maria / das ich den grus so zu nichte gemacht hette."[113] Dieses Beispiel zeigt sehr deutlich — abgesehen von dem besonderen mariologischen Inhalt — die Methode seines „Dolmetschens", seiner Auslegung der Heiligen Schrift. Der Satz „Er mus dencken an ein vas vol bier" verleitet zu der Assoziation „Bierkutscherexegese", die vom Verständnis und Erleben des Predigers und seiner Zuhörer ausgeht, nicht aber vom Horchen auf die „Botschaft von oben", ein Beispiel mehr für seine Assimilierungstheologie und Ideenflucht, die in Einseitigkeit, Oberflächlichkeit und Voreiligkeit stecken bleibt.

Wie schon früher erwähnt, hat Luther manche behaltenswerte erbauliche Worte gesagt, u. a. über die Nächstenliebe, die aber keinen Heilswert für ihn besitzt. Infolge seiner manisch-depressiven Ambivalenz hat er aber viel Gegenteiliges und Folgenschweres gesagt. Am folgenschwersten war wohl sein bereits genanntes „pecca fortiter", was zwar gegen die pharisäische Werkgerechtigkeit gerichtet war, aber ebenso eine Folge seiner Kapitulation vor den Versuchungen der „Wollust, des Zornes, des Hasses und Neides", die er nach seinem eigenen Geständnis nicht zu überwinden vermochte. Unabhängig davon, wie er es theologisch verstanden wissen wollte, mußte dieser Satz „dilektiv" verstanden werden „zum eigenen Ohrenkitzel". Luther selbst hat dies in seinen Briefen häufig noch verstärkt. So gibt er 1530 in einem Brief von der Coburg an Hieronymus Weller u. a. folgende Ratschläge: „Zuweilen muß man reichlicher trinken, spielen, scherzen, ja auch eine Sünde tun aus Haß und Verachtung gegen den Teufel, damit er keinen Platz in uns finde, um uns aus den kleinsten Dingen ein Gewissen zu machen; wir werden sonst besiegt, wenn wir allzu ängstlich Sorge tragen, nicht zu sündigen. . . O könnte ich jetzt zur Verspottung des Teufels etwas Ausgezeichnetes an Sünde bezeichnen (aliquid insigne peccati designare), damit er sehe, daß ich keine Sünde anerkenne und mir keiner Sünde bewußt bin. Die sämtlichen zehn Gebote müssen ganz und gar bei uns aus den Augen und dem Geist entfernt werden, bei uns sage ich, die der Teufel so versucht und plagt. Wenn der Teufel uns etwa unsere Sünden vorhält und uns des Todes und der Hölle schuldig zeiht, dann müssen wir so sprechen: ‚Ich gestehe, Tod und Hölle verdient zu haben, aber was dann? Wirst du deshalb auf ewig verdammt werden? Keineswegs. Ich kenne einen, der für mich gelitten und genuggetan hat, er heißt Jesus Christus, Gottes Sohn. Wo der bleibt, da werde auch ich bleiben.‘ “[114] Hier ist Richtiges mit Gefährlichem vermischt. Was als Medizin gedacht ist, wird durch diese Art der Dosierung zum tödlichen Gift. Schlaginhaufen, der sich wegen seiner Sünden mit Gewissensvorwürfen quälte, antwortete er: „Was zerplagst du dich viel mit Sünden? Hättest du soviel Sünden auf dir wie Zwingli, Karlstadt und Münzer und alle Gottlosen, der Glaube an Christus besiegt sie alle. Ach, es mangelt uns allein am Glauben!‘ Darauf Schlaginhaufen: „Da sagte ich denn endlich: ‚Herr Doktor, dann ist es besser, daß ich ein Schurke und ein Sünder bleibe?‘ Und der Doktor antwortete: ‚Auf das du, o Gott, gerechtfertigt werdest in deinen Reden und siegest, wo du gerichtet wirst‘ Ps. 50,6.“[115] Nur subtilem Denken ist es möglich, den berechtigten Aspekt solcher Aussagen zu sehen und mitzutragen. Richtige Details machen das Ganze noch nicht gut und richtig. Der Laie muß es zudem falsch verstehen und hat es auch getan. Luther selbst war nicht wohl dabei, wie seine Gewissensängste immer wieder bestätigen. Die von ihm beklagte Sittenlosigkeit und Verderbtheit seiner Zeit und Umwelt, die ihn vorübergehend zu dem ernsten Entschluß veranlaßten, Wittenberg zu verlassen, hat er immer wieder auf sich selbst und seine Lehre bezogen. So gesteht er Schlaginhaufen: „Ich habe keine größere und schwerere (Anfechtung) gehabt, als wegen meiner Predigt, daß ich dacht hab: das Wesen (Unwesen) richtest du allein zu; ist es im Unrecht, so bist du schuldig an so viel Seelen, die in die Hölle fahren. In der Anfechtung bin ich oft dahin gegangen, in die Hölle hinein, bis mich Gott zurückrief und mich stärkte, weil es Gottes Wort sei und wahre Lehre. Aber es kostet viel, bis einer zu diesem Troste kommt."[116] Ein Beispiel unter vielen für den Wechsel zwischen depressiver, normaler und manischer Erlebnisphase.

Verfolgt man diese wechselnden Gefühlszuständlichkeiten über Luthers ganzes Leben hin, so stellt man fest, daß ihn trotz Turmerlebnis und rationalisierter Glaubenssicherheit Angst und Schrecken nie verlassen haben; sie sind die in allem mitschwingende und im Alter noch zunehmende Dominante seines seelischen Lebens, die in fast regelmäßigen verbalen Eruptionen zum Ausbruch kommen bis zu seinem plötzlichen Tod an einem Herzangstsyndrom. Luther hat sich zwar zwanghaft verkrampft um den Glauben bemüht, aber wirklich geglaubt hat er nicht. Es war nur ein irrealer Wunsch, er wollte glauben, konnte aber nicht, weil er immer wieder in die ihm eigentümlichen Schrecken und Anfechtungen fiel. Abgesehen von seiner Krankheit hat er sich durch seine Theologie zusätzlich noch manche Wege versperrt, aus diesem Dilemma herauszukommen. So hat er beispielsweise schon die Begierde und Anziehungskraft der Geschöpfe für Sünde gehalten, die er ständig als solche empfand und trotz übermenschlicher Anstrengung nicht ablegen konnte und darum den Menschen — auch nach der Taufe — für total verderbt hielt. Ein ebenso tragischer Irrtum für Luther war es, daß er die Liebe und ihr Tun für Werkgerechtigkeit hielt und darum aus seinem Rechtfertigungs- und Gnadendenken verbannte, nicht aber aus seinem metapsychologischen Gabendenken (gratia versus donum), was im Grunde doch wieder die Unverwüstlichkeit des angeborenen und trotz Sünde gutgebliebenen Kerns im

Menschen, seine Fähigkeit zur Gottes- und Nächstenliebe, bezeugt. Luthers erschütternder Gottesbegriff („Gott ist in sich grausam"), der das Evangelium geradezu auf den Kopf stellt, bedingt durch seine „Schuld" und Krankheit, zwang ihn, gegen allen Widerstand und gegen den „guten Kern" in sich, die Rechtfertigung als Abwehr des Zornes Gottes und als Vergebung der Sünden *allein durch Glauben* zu rationalisieren; Liebe, Lohn und Verdienst aber über den Umweg der „doppelten Gerechtigkeit" wieder einzulassen, wenn auch nicht durch die Tür der Gnade (gratia), sondern der Gabe (donum).

Nicht weniger folgenschwer war es für ihn, daß er sich aus dem Schoß der führenden und ihn bergenden Kirche herausgelöst und sich ausschließlich auf seine krankheitsbedingten Wahnideen gestützt hat. Seine Anhänger oder Gemeinde, wie er sie nennt, bieten ihm selbst keinen Halt und keine Geborgenheit; sie suchen diese vielmehr umgekehrt bei ihm. So bleibt ihm im Grunde nur das melancholische Zittern vor dem „grausamen Gott" und dem eigenen Versagen bzw. der manische Trotz, die ständige Angst vor dem inneren und äußeren Feind, der ihn bis an sein Lebensende bedrohte, der sich in allen Gesichtern zeigte, die seinem konstruierten und rationalisierten inneren Sicherheitsgebäude widersprachen. Luther war mehr als einmal nahe am Suicid[117]. In all seinen theologischen oder metapsychologischen Überlegungen hat man bis zuletzt den Eindruck eines zwischen schwacher Hoffnung und starker Verzweiflung hin- und hergeschüttelten Angeklagten im Gerichtssaal, der zwar um Christi willen frei-*gesprochen*, und deshalb auch manisch-trotzig — nicht reuig, denn Reue kennt Luther nicht — auf sein „Recht zum Testament" pocht, das ihm Christus vermacht hat, keineswegs jedoch frei-*gemacht* sowie wirklich erlöst und geheiligt worden ist. Er ist kein Kind des himmlischen Vaters, trotz mancher

„Abba-Seufzer“, die aus seinem gutgebliebenen Kern hin und wieder hervorbrechen. Er ist kein Kind des Vaters, das — aus *Gnade* — von gleicher Art und Natur wie der Vater ist, Anteil an seinem göttlichen Leben erhalten hat und von ihm, aus ihm und auf ihn hin lebt und liebt, geborgen und glücklich ist.[118] Ein zutiefst bemitleidenswertes Gottes- und Menschenbild. Luther sieht immer nur den Zorn Gottes und sein eigenes Nicht-gut-sein-können. Christus ist nur der Schild, der den Zorn Gottes auf sich lenkt und abwendet, den Menschen aber in seiner Sünde beläßt. Er bleibt „Gerechter (im Sinne von Freigesprochener) und Sünder zugleich“, ist nicht teilhaft der göttlichen Natur, wenn auch noch unvollendet und verlierbar.

Die psychologisch untrüglichsten Zeichen von Unsicherheit und Unglaube sind Haß und Neid. Genauer gesagt sind sie Kennzeichen für einen, der zwar glaubt, sich selbst aber ausgeschlossen fühlt und zittert oder aber aggressiv wird. Gerade die eigene Heilsgewißheit glaubte er nicht, so sehr er sich auch darum bemühte und andere zu diesem Glauben zu motivieren suchte. Reflexion und Gefühl lagen bei Luther in ständigem Widerstreit; er war — wenn man so will — manisch-depressiv gespalten. Darum seine untergründig dominierende Angst, sein Haß und Neid, die er nie zu überwinden vermochte. Der tiefste Grund seines nicht bewältigten Hasses und Neides dürfte psychologisch darin zu suchen sein, daß dieser hochbegabte und zugleich extrem leidenschaftliche Mann gegen alle Pläne und Erwartungen seines Vaters und seiner selbst und ohne jede Berufung zum Ordensstand ins Kloster fliehen und Mönch werden mußte, nur um sein Leben zu retten und die Möglichkeit, noch etwas Großes zu werden. Ein zusätzlicher Grund war, daß er nach seiner Selbstbefreiung aus der Fessel des unfreiwilligen Mönchlebens in eine neue Zange drohender Verfolgung geriet: der Erpressung durch die

Reichsritter und Landesfürsten auf der einen Seite und des Kirchenbanns und der Reichsacht auf der anderen Seite, von seiner Krankheit ganz zu schweigen; ein wahrer circulus vitiosus. Luthers untergründiger und ausgebrochener Groll gegen Gott und sein ihm aufgezwungenes Schicksal offenbart sich vor allem in seinem ständigen Zwang zur Blasphemie und zum Fluchen, die er aber aus pastoralen Gründen, um seinen Vorbildcharakter zu wahren, von Gott auf seine Gegner projizieren mußte. „Ich kann nicht beten. . . ohne zu fluchen." Das „Geheiligt werde dein Name" müsse er begleiten mit den Worten: „Verflucht, verdammt, geschändet müsse werden der Papisten Name und aller, die deinen Namen lästern. Wahrlich so bete ich alle Tage."[119] Bis in seine letzten Tage hat Luther vor allem gegen drei Dinge einen unversöhnlichen und unvergleichlichen Haß gehabt: gegen das Papsttum, den Ordensstand und das Meßopfer, für ihn geradezu symptomatisch. Eine Einheit der Kirche und Christenheit im Sinne von Rückkehr und Versöhnung mit dem Papsttum hat er wie nichts anderes abgelehnt und verabscheut. Jeder, der etwas anderes behauptet, verfälscht Luther und stellt die offensichtlichen Tatsachen geradezu auf den Kopf. Den Seinen hat er wie ein Testament ans Herz gelegt: „Eins vergeßt nie: den Haß gegen den Papst."[120] Noch einen Tag vor seinem Tod in Eisleben hat er mit Kreide an die Wand geschrieben: „Pestis eram vivus, moriens ero mors tua, papa." (Im Leben war ich für dich die Pest, sterbend werde ich dein Tod sein, Papst.)[121] Bereits 1532, auf dem Höhepunkt seines Selbstwertgefühls und Ansehens, hatte er prophezeit, daß das Papsttum in spätestens zwei Jahren verschwunden sein werde; eine seiner halluzinogenen Prophezeiungen, die sich nicht nur nicht erfüllten, sondern ins Gegenteil verkehrt haben. Das zunehmend moralisch erstarkende Papsttum und die Ankündigung eines Konzils nach Trient bzw. zuerst nach Mantua (1537) haben Luthers Depressionen und seine damit zusammenhängenden Verbalaggressionen zunehmend verstärkt und ihn neben anderen alterspolemischen Schriften die Schmähschrift „Wider das Papsttum in Rom, vom Teufel gestiftet“ (1545) verfassen lassen.

Luthers Aversion gegen das Papsttum mag wohl nach außen als eine seiner stärksten erscheinen; im Vergleich zu seinem unvorstellbaren Haß gegen den „Greuel“ des Meßopfers könnte man jedoch noch schlicht von einer Abneigung sprechen. Luthertheologisch ist es zwar folgerichtig, psychologisch aber kaum noch begreiflich und erklärbar, daß er sogar die weltliche Obrigkeit seines Landes an ihre Pflicht gemahnt, gegen solche Schändung des Namens Gottes „mit ordentlicher Gewalt“ vorzugehen mit der Begründung: „Denn wo ein frecher Bube auf der Gassen Gott offentlich lestert, flucht oder schendt und die Obrigkeit solches litte, wurde sie fur Gott teilhaftig solcher Untugend. Und ists in etlichen Landen verboten fluchen und schweren, viel billicher ists, daß hie die weltlichen Herren dazuthun, weren und strafen, weil solch Lestern und Schenden in der Messe ja so offenbar ist, so offentlich geschieht, als ob ein Bube auf der Gassen lestert. Ist eines streflich, so ist das andere auch streflich.“[122] Für einen gläubigen Katholiken (und Orthodoxen) ist zu allen Zeiten das Meßopfer Lebensquelle und Herzstück seines christlichen Glaubens und Lebens, geschweige denn für einen gläubigen Priester. Darum trifft ihn auch das Urteil Luthers über die Messe am empfindlichsten, wenn es ernst genommen wird. Luther hat sehr klar erkannt, daß er damit den Lebensnerv der Kirche treffen würde. Er sagt selbst: „Wenn es mir gelingt, die Messe abzuschaffen, dann glaube ich den Papst gänzlich besiegt zu haben. Auf die Messe wie auf einen Felsen stützt sich ja das ganze Papsttum mit seinen Klöstern, Bistümern, Kollegien, Altären, Diensten und Lehren. . . Fällt der sakrilegische und fluchwürdige Meßgebrauch, dann muß alles stürzen. Durch mich hat Christus begonnen, den Greuel, der am heiligen Ort steht (Dan 9,27) zu enthüllen und jenen zu vernichten, der da durch des Teufels Hilfe unter falschen Wundern und trügerischen Zeichen gekommen ist."[123] Als Kommentar zu diesen Kernaussagen Luthers empfiehlt sich das Schreiben der „Heiligen Kongregation für die Glaubenslehre" an die Bischöfe der katholischen Kirche vom 6. August des Lutherjahres 1983 „Über einige Fragen bezüglich des Dieners der Eucharistie" und der beigefügte Brief zu diesem Dokument von Kardinal J. Ratzinger, dem Präfekten der Glaubenskongregation. Hier wird verständlich, warum das ersehnte gemeinsame eucharistische Mahl noch nicht gefeiert werden kann: kein Opfer*mahl* ohne Kreuzes*opfer*. Gott hält nur Mahl, in dem er sich ganz hingibt.

Zur Erklärung der Aversion Luthers gegen die Messe lassen sich einige psychologische Gründe angeben. Seine Zwangsneurose gegenüber dem Meßopfer tritt schon voll in Erscheinung bei seiner Primizfeier.

Zum Priester geweiht am 3. April 1507 (Karsamstag), feiert er sein erstes Meßopfer am Sonntag, dem 2. Mai, also vier Wochen später. Bei dieser ersten heiligen Messe will er aus Angst vor der Majestät Gottes wegen seiner Unwürdigkeit vor der Wandlung vom Altar weglaufen, daß der Prior ihn schilt: „Immer hinan! Fort, fort! Also entsatzt ich mich vor diesen Worten. Es ahnte mir wohl, es wäre nicht recht. . ."[124] Ähnliche Ängste hat er bei der Fronleichnamsprozession durchgestanden. Die Gründe dafür sind die gleichen, die seine tiefen Depressionen hervorgerufen haben. Hinsichtlich der Messe kommt hinzu, daß die Zelebration (und auch die Kommunion) nie im Zustand „schwerer Schuld" gestattet war; Sünden der „Wollust" aber, wie Luther sie nennt, waren immer der Sache nach „schwere

Sünden“ (materia gravis). Nur mangelnde innere Zustimmung oder Einsicht bewahrten vor schwerer Schuld. Das galt auch bezüglich der „pollutio nocturna“. Nach Luthers eigenem Geständnis hat er u. a. die „Wollust“ nie zu überwinden vermocht, weshalb er später die Überzeugung vertrat, sexuelle Betätigung sei so notwendig wie Essen und Trinken, und kein Mann könne ohne dies leben. Nur Franziskus und einigen wenigen Heiligen räumte er die Kraft dazu ein. Dies dürften die entscheidenden psychologischen Gründe für seine depressive, zwangsneurotische Angst vor der Zelebration (und vorher schon der Kommunion) sein, die nach erlebter und gewollter sexueller Lust erst durch die Beichte wieder erlaubt war, die „so bald wie möglich“ (quam primum) abzulegen war. Die theologischen Begründungen gegen die Messe sind dann auf diesem psychologischen Hintergrund nur noch Rationalisierungen, seelische Abwehrmechanismen. So muß auch sein Unterlassen der Zelebration und sein Fernbleiben vom Chorgebet gesehen werden, die er in dem bereits erwähnten Brief an seinen Ordensmitbruder und späteren Freund Lang angeführt hat.

Diese hier erwähnten Persönlichkeitszüge Luthers könnten bei Uneingeweihten und allen, die sich ein „dilektives“ Lutherbild aufgebaut haben, den Eindruck des „Hinter-Lortz-zurück“ erwecken und alte Wunden wieder aufreißen. Zum umfassenden psychologischen Verständnis der Persönlichkeit Luthers sind sie aber so unentbehrlich wie seine Einordung in die damalige Zeit; sie müssen verarbeitet und auf keinen Fall verdrängt werden, sonst bricht das Unverarbeitete anderswo mit umso größerer Gewalt wieder hervor. Das gehört zur Eigentümlichkeit verdrängter Tatsachen, die nur zugedeckt wurden, aber unter dieser Decke als Explosivstoff weiterschwelen. Wenn sich aus den vielen Symptomen und Syndromen Lutherschen Erlebens und Verhaltens die nicht zu leugnende Diagnose einer manisch-

Erkrankung ergibt — die verschiedenen Theorien mögen dasselbe nur verschieden nennen, die Krankheit bleibt die gleiche — so darf das nicht als Abwertung oder Tadel aufgefaßt werden. Auch in der Kirche seiner Zeit war vieles krank, wie Papst Hadrian VI. öffentlich bekennen ließ; der Bazillus Luthers hat sie wieder immunisiert, das Tridentinum (1545-1563) ist ein Beispiel dafür. Christus hat seiner Kirche nicht zugesichert, daß sie von Ansteckung bewahrt bleibe, sondern daß sie durch sein Wort an Petrus vor Irrtum und Untergang, dem Sieg der Hölle bewahrt würde. In der Person des Petrus hat er gleichsam die Geschichte seiner Kirche bereits vorgezeichnet. Seine Verheißung von Cäsarea Philippi war noch nicht ganz verklungen („Nicht Fleisch und Blut haben dir das geoffenbart, sondern mein Vater im Himmel. . .“), als er demselben Simon zornig wehren mußte: „Hinweg von mir, Satan, geh mir aus den Augen! Du willst mich zu Fall bringen; denn du hast nicht das im Sinn, was Gott will, sondern was die Menschen wollen“ (Mt 16,23). Und Jesus warnt Petrus kurz vor seinem Leiden vor Selbstsicherheit und mahnt ihn zu Gebet und Wachsamkeit. Er sagt ihm, was ihn vor den Nachstellungen und Angriffen Satans, vor dem Untergang bewahren wird: „Simon, Simon, der Satan hat verlangt, daß er euch wie Weizen sieben darf. Ich aber habe für dich gebetet, daß dein Glaube nicht erlischt. Und wenn du dich wieder bekehrt hast, dann stärke deine Brüder“ (Lk 22, 31-32). Trotz des an Schärfe kaum zu überbietenden Tadels Jesu gegenüber Petrus und seiner meineidlichen Verleugnung Jesu bleibt er der „Fels“ und befiehlt ihm vor seinem Heimgang zum Vater: „. . . weide meine Lämmer, weide meine Schafe“ (Joh 21, 15-17). Wieviel Schwachheit, Krankheit und Sünde auf dem Stuhl Petri und doch: Nicht „Fleisch und Blut“ hat dir das geoffenbart, nicht hervorragende Intelligenz oder eine glänzende Ausbildung befähigen Petrus dazu, die Kirche ohne

ohne Irreführung durch die Stürme und Wechsel der Zeit bis an das andere Ufer zu steuern, nicht einmal sein „sittliches" Leben, das sogar sehr sündhafte bis „satanische" Züge annehmen kann, sondern einzig und allein der Auftrag und die Vollmacht Christi und der „Vater im Himmel, der dir das geoffenbart hat."

Kardinal Newman hat einmal gesagt, „daß die dreihundertjährige Spaltung der abendländischen Christenheit nicht ohne Sinn vor Gott sein kann."[125] Dem kann ohne Wenn und Aber zugestimmt werden, auch wenn uns dieser Sinn verborgen bleibt. Die seelisch-geistige Krankheit Luthers nimmt ihm nichts von seiner Wirkung und Größe, wohl setzt sie uns in Erstaunen. Luthers größtes Verdienst — er würde dieses Wort nur bedingt akzeptieren — ist wohl unbestritten seine Übersetzung der ganzen Heiligen Schrift. Zwar muß auch den vielen Missionaren, Predigern und Übersetzern Gerechtigkeit widerfahren, die seit Bonifatius sich um die Verkündigung des Evangeliums in Deutschland in der (theodisce) Muttersprache bemüht haben — Luther ist nicht der Schöpfer der hochdeutschen Schriftsprache — dennoch kommt ihm eine herausragende Stellung als Bibelübersetzer zu. Er hat die „gantze Heilige Schrift", nicht nur ein Lektionar der Sonn- und Feiertagsperikopen, dem Volk in seiner Sprache ins Haus gebracht, unterstützt durch die gleichzeitig aufblühende Buchdruckerkunst. Luther hat die Bibel zum Hausbuch gemacht, aus dem sich ganz Deutschland gebildet hat, sowohl im Glauben als auch in seiner Sprache, die dadurch in den Rang einer Weltsprache aufstieg. Diese Tatsache, daß gleichsam jede Familie den Text des Wortes Gottes selbst nachlesen und zum Leitfaden der Erziehung und Bildung machen konnte — zumindest in den evangelischen Gebieten und das in einer so brillanten Sprache — hat die evangelische Christenheit zu ihren großen kultur- und religionsgeschichtlichen Werken befähigt.

Dieses Wort Gottes hat ihr die Überlebenskraft in den vergangenen Jahrhunderten gegeben, besonders dort, wo die „Mitteilung Gottes" im ursprünglichen Sinn verstanden und ins Leben übertragen wurde als Frucht des Glaubens. Besonders die pietistischen Gemeinden, deren Theologie allerdings nicht identisch mit der Luthers ist, haben sich in dieser Hinsicht große Verdienste erworben. Durch die Vermählung der genialen Bibelübersetzung Luthers mit der kongenialen Musik eines Johann Sebastian Bach etwa und der tiefen Frömmigkeit des Pietismus hat das Wort Gottes deutscher Sprache in der Welt auch bei Nicht-Christen eine neue Qualität und Zeugniskraft gewonnen, die von der innerkirchlichen Verkündigung so nicht erreicht wird — nur noch übertroffen von der Einfachheit und Größe der Gregorianischen Gesänge — und überzeitlich ist. Durch sein „die Schrift allein" hat Luther auch seine katholische Mutterkirche gezwungen, sich wieder vorrangig der Heiligen Schrift zu widmen und die philosophisch-theologischen Symbiosen auf das Notwendigste zurückzuschneiden bzw. wieder bewußter in den Dienst des Wortes Gottes zu stellen. Die „Sünde der Apparate und Funktionäre", die nicht nur die Kirche immer wieder zur „semper reformanda" macht, sondern alle menschlichen Institutionen, wurde in Bezug auf die Kirche seiner Zeit von Luther besonders offengelegt. Er vermochte es aufgrund seiner Sprachgewalt, die aufgestauten Gefühle der Unzufriedenheit in adäquate und suggestive Sprache zu übersetzen, obgleich er diese Sünde auch wieder in seine Gemeinde mitgenommen hat. In der Politik hatte Luther — nicht ohne Hilfe seiner fürstlichen Beschützer und Gönner — das bessere Gespür für das Machbare im Vergleich etwa mit Thomas Müntzer, der den Bezug zur Wirklichkeit verloren hatte. Dafür jedoch war dessen Glaube biblisch besser abgesichert, da er sich wie Jesus in der Bergpredigt mit den Armen und Unter-

drückten identifizierte, darin seine Berechtigung erkannte und entsprechend handelte, während Luther sich auf den Glauben „allein" stützte, was ihm in der marxistischen Geschichtsschreibung der DDR mit Recht den Vorwurf von der „höchst bequemen Theologie" einbrachte,[126] trotz allem Vorbehalt gegenüber dieser Geschichtsauffassung.
Bei aller Größe bestimmter Verdienste Luthers darf auf keinen Fall übergangen und verdrängt werden, daß er der „Kirche der Reformation" zwar nicht absichtlich, wohl aber tatsächlich „den Leib und das Blut Christi" genommen hat, und zwar nicht nur als eucharistisches *Opfer*, was er mit allen Fasern seines Herzens wollte und in die Tat umzusetzen verstand mit Hilfe der weltlichen Obrigkeit, sondern auch als eucharistisches *Mahl*, was er im Streit mit Zwingli und den übrigen Reformatoren ähnlich engagiert nicht wollte. Daran ändert auch sein unerschütterliches Festhalten an der richtigen Übersetzung der Einsetzungsworte „das *ist* mein Leib" nichts. Wie die übrigen Reformatoren hat Luther das „besondere Priestertum" geleugnet und abgeschafft und damit in der Tat das „Lamm Gotts" für sich und die Seinen getötet und nur noch das zwar schön gegerbte und geschmückte „Lammfell" der Heiligen Schrift übriggelassen. Wenn wir die authentische Lehre der katholischen Kirche als authentische Lehre Christi selbst annehmen — und der gläubige Katholik tut das — dann hat die evangelische und reformierte Christenheit nie in den fünfhundert Jahren seit ihrem Bestehen „den Leib und das Blut Jesu Christi" empfangen, sondern bei ihren Abendmahlsfeiern immer nur eine gläubige Erinnerungsfeier an das letzte Abendmahl begangen und nur schlichtes Brot oder eine „geistliche Kommunion" empfangen. Ihr Säkularisierungs- und Reduzierungsprozeß auf nur zwei bis fünf Prozent regelmäßig praktizierender Mitglieder hat sicherlich in dieser eucharistischen Hungersnot seinen tiefsten Grund. Und seit die

katholische Theologie sich lutherischen Ideen geöffnet hat, die sie Jahrhunderte für falsch hielt, ist auch die Zahl der kirchentreuen Katholiken hochsignifikant zurückgegangen. Da aber Christus auch im lebendigen Wort der Heiligen Schrift gegenwärtig ist, wenn es gläubig aufgenommen wird, war Christus im Glauben und Gebet immer auch denen nahe, die ihn nur „im Geist" empfangen haben, denn „wo zwei oder drei in meinem Namen versammelt sind, da bin ich mitten unter ihnen" (Mt 18,20), mehr als bei denen, die „den wahren Leib und das wahre Blut Christi" ungeprüft und unwürdig empfangen haben. Hochmut wäre hier antichristlich und geradezu tödlich. Dennoch muß diese Wahrheit um Christi willen nicht nur geglaubt, sondern auch „verkündet und gepriesen" (annuntiare et confiteri) werden, wie wir es in jeder heiligen Messe nach der Wandlung in allen Kirchen und Kapellen tun. Hier liegt der ungelöste Knoten allen scheinbar erfolglosen Bemühens um die Wiedervereinigung mit den evangelischen und reformierten Christen. Mit der orthodoxen Kirche gab es darüber nie einen ernsten Streit, auch wenn sie sich dabei einer anderen Sprache bedient als die der mittelalterlichen Scholastik.
Bischof Dibelius von Berlin (1880-1967) hatte schon seine Gründe, wenn er in der Wochenzeitung „Die Kirche" vom 10. Februar 1946 klagte: „Wenn Luther nur nicht so stur gewesen wäre, wenn er auch ein bißchen bereit gewesen wäre, einmal nachzugeben und anderer Leute Meinung gelten zu lassen, dann wäre uns die große Glaubensspaltung erspart geblieben. Dann hätten wir keinen Dreißigjährigen Krieg gehabt und hätten heute nicht diese ewige Not mit den Mischehen und mit katholischen und protestantischen Kindern in den Schulen. Wir hätten dann eine einheitliche Kirche in Deutschland, vielleicht mit Domkapiteln und Meßgewändern, wie in Schweden und England, vielleicht noch ein wenig katholischer, aber jedenfalls eine einheit-

liche Kirche, in der der evangelische Glaube schon zu seinem Recht gekommen wäre. Aber so sind wir Deutschen. Immer wollen wir das, was wir als richtig erkannt haben, durchsetzen bis zum letzten. Immer heißt es bei uns: ‚Alles oder nichts!' Kompromisse, die anderswo als Zeichen höchster Weisheit gelten, sind bei uns verächtlich. Und darüber stürzen wir von einem Unglück ins andere."[127]

Wenn Luther auch zu keiner Zeit bereit war, im Hinblick auf das Meßopfer irgendwelche Zugeständnisse zu machen — auch wenn dies von vielen vergeblich nachzuweisen versucht wird gegen die Quellen — so scheint doch neben der erwähnten Äußerung von Bischof Dibelius das 1982 erschienene „Lima-Papier" ein kleiner hoffnungsvoller Lichtblick möglicher Annäherung an die katholische und orthodoxe Auffassung zu sein.

Krankheit und Irrtum sind menschlich. Das ist und bleibt eine traurige und bedrückende alltägliche Erfahrung. Bedrückend auch deshalb, weil es zum Wesen jeder Erkenntnis gehört, ob sie nun richtig oder falsch ist — und Glaube ist Erkenntnis, wenn auch nur eine mittelbare —, daß sie darauf angelegt ist, in positive oder negative Wertvorstellung, Energie und Tat umgesetzt zu werden. Erst an den Früchten können wir erkennen, ob etwas richtig oder falsch, gut oder böse ist. Und selbst diese Unterscheidung wie Entscheidung ist nicht in die Kompetenz einzelner allein gelegt, die nur „ihren Teil" dazu beitragen können und sollen. Die Teile zum lebendigen, funktionierenden Ganzen zu integrieren, vermag nur der Geist Christi. Er tut es nach dem Willen Christi in seiner Kirche, vor allem und letztlich durch Petrus. Wo Petrus lehrt, da lehrt Christus. Der „geheimnisvolle *Leib* Christi" lebt und wächst aus dem Geheimnis des „Fleisches und Blutes Christi" im Opfer und Mahl der heiligen Eucharistie. Wann, wo und wie auch immer ein Mensch das Heil erlangt, ob er institutionell

„drinnen“ oder „draußen“ steht, ob im Vaterhaus oder außerhalb, er findet es einzig und allein in Jesus Christus durch die Kirche, mit der ER sich selbst identifiziert hat. Nur der Kirche ist es „von oben“ gegeben zu wissen, was „von oben“ ist und zwar durch das unfehlbare Lehramt. Wie jeder von uns ständig irrtumsanfällig ist und darum immer aufs neue der Orientierung an und der Führung durch die Kirche bedarf, weil er sonst hoffnungslos „in Fleisch und Blut“ stecken bleibt, so muß auch Luther diese Schwäche irrtümlichen Abweichens zugestanden werden. Dabei konnte er es nicht verhindern, das kirchliche Lehramt zum „Maßstab seiner Abweichungen“ zu machen, ob er wollte oder nicht. Wer wirklich aufrichtig die Einheit der Christen in Liebe *und* Wahrheit um des Evangeliums willen begehrt, ist durchaus fähig und bereit, auch unliebsame Tatsachen anzuerkennen und unbefangen darüber zu sprechen, selbst wenn diese noch vor nicht allzu langer Zeit als Polemik deklariert worden sind, so wie es keinen trifft, wenn Jesus Simon Petrus einen „Satan“ nennt oder wenn über den sittlichen Niedergang der Renaissance-Päpste disputiert wird. So muß man auch über Luther sprechen können, wenn Wahrheitssuche und Wissenschaft noch einen Sinn und Wert haben sollen. Krankheit und Schuld sind eine Eigentümlichkeit des homo sapiens, wobei allerdings nicht übersehen werden darf, daß seiner Fähigkeit zum Schuldigwerden, die Fähigkeit, Verdienste, Lob und Anerkennung zu erwerben, entspricht. Nur wer Verdienste erwerben kann, kann auch schuldig werden. Aber „was hast du, das dir nicht gegeben wurde?“ „Wem viel gegeben wurde, von dem wird auch viel zurückgefordert werden“ (Lk 12,48). Das gilt auch von den *katholischen Talenten* der sieben Sakramente (statt zwei) und der sicheren Führung durch das unfehlbare Lehramt. Die Warnung Jesu an die selbstgerechten Städte Chorazin, Betsaida und Kafarnaum sollte sich jeder immer wieder zu Herzen nehmen, der sich anderen gegenüber etwas zugute hält (Mt 11, 21-24).

Ausgangspunkt der vorangegangenen Überlegungen zum Lutherjahr war der Auftrag des Konzils und der Wunsch des Papstes an jeden einzelnen, sich um die Einheit in Liebe *und* Wahrheit auf je eigene Weise zu bemühen. Die Fähre, die uns hinüberbringt ans gemeinsame Ufer, vorbei an Scylla und Charybdis, wird gesteuert von der Wahrheit und angetrieben von der Liebe. Nur beide zusammen erreichen das Ziel. Wunden kann man nicht heilen, indem man sie aus falsch verstandener Liebe zudeckt und verschweigt.

Hauptmotiv dieser intensiven Auseinandersetzung mit der Persönlichkeit und dem davon geprägten Werk Luthers war es, die Gründe und Bedingungen seiner abweichenden Auffassungen (Häresien) und seiner maßlos erscheinenden, alle biblische Ethik und Moral auf den Kopf stellenden „Schimpfteufeleien" (Nietzsche) psychologisch zu verstehen und verständlich zu machen, soweit dies in diesem Rahmen möglich ist. Die nicht gering zu schätzende schweigende Mehrheit jener katholischen Laien und Priester, die sich mit den bekannt gewordenen Ergebnissen der Lutherveranstaltungen und der interkonfessionellen Kommissionen nicht identifizieren können — und schon gar nicht mit denen der „Ökumenischen Avantgarde" bzw. derer, die sich dafür halten — ist zu groß und zu bedeutend. Ihr Kreuz liegt keineswegs in mangelnder Bereitschaft zur Zusammenarbeit, die längst selbstverständlich und nicht mehr wegzudenken ist, sondern in der vom Gewissen geforderten Treue zum Evangelium Jesu Christi, das nicht mit der "Schrift allein" gleichzusetzen ist, sondern mit der lebendigen Kirche, aus der die Schrift hervorgegangen ist als „Senfkorn", das sich zum „Credo des Gottesvolkes" entfaltet hat.

Allumfassend läßt sich kein Mensch ausloten und verstehen (individuum est ineffabile), selbst wenn alle Wissenschaften und Disziplinen sich darum bemühen würden, schon gar nicht eine Persönlichkeit von der Bedeutung Marin Luthers, der wie kaum ein anderer Kirche und Welt verändert hat — außer vielleicht jenem anderen Deutschen, der den atheistischen Kommunismus ins Leben gerufen hat und Sigmund Freud, der die Sünde zum Geburtsfehler und zur unverschuldeten Krankheit degradiert hat. Deutschland weist erstaunlich viele Analogien zum „auserwählten Volk des Alten Bundes" auf, sogar bis in seine religiöse und politische Spaltung. Es ist schon ein „mysterium tremendum et fascinosum", welcher Mittel und Wege, welch schwacher und kranker wie genialer Menschen sich Gott bedient, um seine geheimnisvollen Pläne zu verwirklichen. Und wenn irgendwo, dann ist im Falle Luthers wie beim Abfall Israels das Wort des Römerbriefes angebracht: „O Tiefe des Reichtums, der Weisheit und der Erkenntnis Gottes! Wie unergründlich sind seine Entscheidungen, wie unerforschlich seine Wege" (Röm 11,33).

Sollte das Lutherjubiläum des zurückliegenden Jahres ein „Großer Zapfenstreich" gewesen sein, ein feierlicher Abschied von Luther selbst? Von den falschen Luther*bildern* sollte es auf jeden Fall so sein und damit auch von seiner „Assimilierungstheologie", die durch seine Krankheit bedingt war und im Grunde nur eine Metapsychologie darstellt. Über Luther kommen wir nie zur Einheit im Sinne des hohenpriesterlichen Gebetes Jesu, bleibt die Wiedervereinigung nur frommes Wunschdenken, hat Zahrnt recht, wenn er die „Verträglichkeit" der Konfessionen ihrer „Einheit" vorzieht. Es wäre ganz gewiß nur eine „Einheit in euphorischer Gleich-Gültigkeit", die letztlich nur Unglaube ist, die den Prozeß der eskalierenden Säkularisierung nur noch mehr beschleunigen würde. Auch die von Fries und Rahner vorgeschlagene und bald für möglich geglaubte Einheit ist im Grunde unverständlich, ja sogar gefährlich;[128]

sie ist nur ein Stückwerk, das wesentliche Teile einfach ausklammert oder unterschätzt, bleibt so gesehen nur ein Puzzlespiel, das beim nächsten Stoß wieder in seine Teile zerfällt. Man sollte nicht um jeden Preis zur Einheit drängen, nur um sie noch persönlich zu erleben. Das Christentum leidet an einer starken Schwindsucht, vor allem in unserer sogenannten „Ersten Welt", weil leider viel zu viele Theologen und Laien lieber aus den Quellen einer zum Götzen hochstilisierten Wissenschaft trinken als aus den Quellen des Glaubens, die in der Kirche rein und reichlich fließen. Was wäre die Wissenschaft ohne die „Mitteilungen Gottes"? Angesichts der größten Gefahr der Christenheit seit ihrem Bestehen ist Wachsamkeit, Gebet und Einigkeit das oberste Gebot der Stunde — der Stunde, in der sich die offensiven Atheisten sammeln —[129] aber Einheit in Liebe *und* Wahrheit, alles andere ist frommer Selbstbetrug und „blinde Blindenführung".

Quellennachweis und Anmerkungen

1) H. Wolf, Martin Luther. Eine Einführung in germanistische Lutherstudien. S. 150 f. Berlin 1983
2) U. Undeutsch, Beurteilung der Glaubhaftigkeit von Zeugenaussagen. In: Handbuch der Psychologie, 11. Bd. Forensische Psychologie S. 26-167, Göttingen 1967
   Vgl. dazu: A. Trankell, Der Realiätsgehalt von Zeugenaussagen. Übersetzt von U. Undeutsch, Göttingen 1971
   Vgl. dazu: F. Arntzen, Psychologie der Zeugenaussage, Göttingen 1970
3) Glaubhaftigkeit im Sinne von Aussagetauglichkeit oder -tüchtigkeit. Wenn ein Richter feststellen möchte, was wirklich geschehen oder gesagt worden ist, muß er alle Zeugen befragen, ganz gleich, ob sie für oder gegen jemand sprechen. Real erlebte, d. h. über die Sinne wahrgenommene Erlebnisse haben ihre unverwechselbaren sensomotorischen Qualitäten, die zwar je nach Einstellung unterschiedlich gewichtet und interpretiert, aber nicht einmal durch Schutzbehauptungen ganz eliminiert werden können. Darum kommt der Aussage als solcher signifikant größere Bedeutung bei als der Glaubwürdigkeit der Person.
4) A. Frossard, „Fürchtet euch nicht!" André Frossard im Gespräch mit Johannes Paul II., München 1982
5) Ch. Darwins Hypothese von der gemeinsamen Abstammung und der allmählichen Veränderung der Arten ist trotz langjährigen Widerstandes der Theologie über Teilhard de Chardin und andere in die Vorstellungen und Grundannahmen moderner Theologen eingegangen. Sie setzen Entwicklung (Fortschritt) mit *Art*veränderung gleich und übertragen sie bis in die Veränderung von Glaubenslehren. Daß sich der Evolutionsbegriff Darwins inzwischen als unhaltbar herausgestellt hat, wie die DNS-Forschung nachweist, scheint sich langsamer herumzusprechen.
   Vgl. dazu: Vortrag von Prof. Bruno Vollmert in zwei Sendungen des SWF/SR/SDR vom 6. und 13. September 1983: 1. Zur Entstehung des Lebens (6.9.), 2. Über die Enstehung der Arten (13.9). Titel der Sendung: Was Darwin nicht wissen konnte und die Darwinisten nicht wissen wollen. Den Ausführungen liegt folgende Buchveröffentlichung zugrunde: B. Vollmert, Polykondensation in Natur und Technik. Karlsruhe 1983
6) O. H. Pesch, Gerechtfertigt aus Glauben. Luthers Frage an die Kirche. Quaestiones Disputatae, Band 97, Seite 136 f, Freiburg 1982

7) W. Kasper, Einführung in den Glauben, Seite 148, Mainz 1972[2]
8) W. von Loewenich, Martin Luther. Der Mann und das Werk, Seite 11, München 1982
9) B. Beuys, Und wenn die Welt voll Teufel wäre. Luthers Glaube und seine Erben, Seite 14, Reinbek 1982
10) Vgl. dazu: K. Thomas, Handbuch der Selbstmordverhütung, 8.-10. Kapitel, Stuttgart 1964
11) Kritische Pressestimmen vom „Sitz des Weltrates der Kirchen“ zum angekündigten Besuch des Papstes in der evangelischen Kirche zu Rom im Advent 1983; ebenfalls die Ablehnung eines katholischen Bischofssitzes in Genf von seiten der dortigen evangelischen resp. reformierten Gemeinde.
12) Noch im Jahre 1538 gestand Luther: „Wir müssen ihnen einräumen, wie wahr es ist, daß sich im Papsttum Gottes Wort, das Apostolat befindet, und daß wir von ihnen die heilige Schrift erhalten haben; was wüßten wir denn sonst davon?“ WA 40, I, 69
Die Frage nach dem kanonischen Ursprung der Heiligen Schrift war für Luther bedeutungslos. Für ihn war sie ohne jeden Zweifel Gottes Wort.
13) F. Nietzsche, Brief an Peter Gast vom 5. Oktober 1879, zitiert aus: Werke IV, Seite 1159, hrsg. von Karl Schlechta, Ullstein Materialien, Frankfurt/Main 1979
14) E. Noelle-Neumann — E. Piel, Allensbacher Jahrbuch der Demoskopie Band VIII 1978-1983, München 1984
15) D. Emme, Martin Luther, Seine Jugend- und Studentenzeit 1483-1505. Eine dokumentarische Darstellung, Bonn 1983[3]
— Warum ging Luther ins Kloster? in: Theologisches. Herausgegeben von Johannes Bökmann, Nr. 177, Januar 1985, Seite 6188-6192, Abensberg
16) K. Bannach, Die Lehre von der doppelten Macht Gottes bei Wilhelm von Ockham, Franz Steiner Verlag 1975
17) H. A. Oberman, Werden und Wertung der Reformation. Vom Wegestreit zum Glaubenskampf, Tübingen 1979[2]
18) R. Bultmann, Das Evangelium des Johannes, Göttingen 1950[11] S. 404: „Eine direkt auf Jesus gerichtete Liebe gibt es nicht . . .; eine Liebe, die sich direkt auf Gott richtete, gibt es . . . nicht.“ Liebe bei Johannes ist für Bultmann nur Chiffre für Glaube. Das sind urluthersche Gedanken. In Anspielung auf die „doppelte Gerechtigkeit“ sagt Luther höchstens: „Liebe Gott in seinen Geschöpfen; er

will nicht, daß du ihn in seiner Majestät (direkt) liebst." WA 11, 189,5

Vgl. dazu: P. Hacker, Das Ich im Glauben bei Martin Luther, Seite 152 f, Graz 1966.

Vgl. dazu: Th. Beer, Der fröhliche Wechsel und Streit, I. Kapitel: Die doppelte Gerechtigkeit, Seite 35-175, Einsiedeln 1980[2]

19) P. Manns: Lortz, Luther und der Papst, Nachwort zur Neuausgabe der „Reformation in Deutschland", Seite 356, Freiburg 1982[6]

20) Tischreden, Eisleben, Seite 208. Vgl. dazu auch: „Ich kann nicht beten, ohne zu fluchen. . ." Walch 16, 2025; Erl. 25, 107-108

Oder: „Betet *für* unseren Herrgott, daß es ihm mit seiner Kirchen Sache wohl ergehe, das Concilium von Trient zürnet sehr." Zitiert nach H. Grisar, Luther III, Seite 846, Freiburg 1911

21) K. Bannach, a.a.O. Seite 383

22) 9,98; Theologia Deutsch. In neuhochdeutscher Übersetzung hrsg. und mit einer Einleitung versehen von A. M. Haas, Seite 20, Einsiedeln 1980

23) P. Manns - H. N. Loose, Martin Luther, Seite 220, Freiburg-Lahr 1982

24) G. Mack, Luther, der bessere Katholik? In: Die ZEIT, Seite 22, 13/1983

25) Zitiert aus: Deutsches Allgemeines Sonntagsblatt, Nr. 8/1983

26) Zitiert aus: Die ZEIT, Seite 22, Nr. 13/1983

27) O. H. Pesch, Die Theologie der Rechtfertigung bei Martin Luther und Thomas von Aquin. Versuch eines systematisch-theologischen Dialogs, Seite 23, Mainz 1967

28) O. H. Pesch - A. Peters, Einführung in die Lehre von Gnade und Rechtfertigung, Seite 145 f, Darmstadt 1981

29) Th. Beer, a.a.O. Seite 513 f

30) Th. Beer, a.a.O.

- Die Ausgangsposition der lutherischen und der katholischen Lehre von der Rechtfertigung. In: Mü Th Z, 3/1967, Seite 189-204
- Stellungnahme zur Anerkennung der Confessio Augustana. In: Internationale Katholische Zeitschrift 2/1976, Seite 189-192
- Lohn und Verdienst bei Luther. In: Mü Th Z 3/1977, Seite 258-284
- Was ist das Reformatorische? In: Theologisches, Nr. 144, 4553-4559

— Initium theologiae Lutheri. In: Kath. Zeitschrift, 6/1983, Seite 556-567

Folgende Abhandlungen hat Th. Beer im Rahmen eines Studienprogramms der „Gustav-Siewerth-Akademie" in Bierbronnen vorgetragen (1983-1985):

— Anfechtungen.

— Luthers Kreuzestheologie.

— Luther: Wie gewinne ich einen gnädigen Gott?

— Grundzüge der Schöpfungs- und Erlösungslehre Luthers.

— Elemente der doppelten Gerechtigkeit.

31) J. Ratzinger, Luther und die Einheit der Kirchen, in: Internationale Katholische Zeitschrift, Heft 6/1983

32) M. Habitzky, Um das wahre Sein „in Christus". In: Theologisches, Nr. 141, Seite 4391-4403

33) Nach Riffel, Kirchengeschichte der neueren Zeit I, hat Luther sich in Worms so verhalten „aus Furcht vor der Rache der Reichsritter. Man hatte ihm nämlich, wie Thomas Müntzer es verraten hatte, mit dem Tode gedroht, wenn er einen von seinen Aussprüchen zurücknähme." S. 600.

34) WA 7, 838, 9

35) Ansprache des Alt-Bundespräsidenten Walter Scheel bei der Lutherfeier in Nürnberg am 24. Juni 1983, Original Video-Aufnahme.

36) WA T 5, 6250

37) D. Emme, a.a.O. Seite 115

38) F. Falk, Alte Zeugnisse über Luthers Vater und die Möhraer, in: Historisch-politische Blätter für das katholische Deutschland, hrsg. von E. Jörg und F. Binder, Band 120, Seite 415-425, München 1897

39) Vgl. dazu: Janssens Geschichte des deutschen Volkes II, 70 Freiburg 1890

40) WA 38; WA T 4, 4640

41) WA T 2, 1559

42) WA T 3, 3566

43) D. Emme, a.a.O. Seite 251

44) Brief Luthers an Vikar Braun in Eisenach vom 20. September 1503, zitiert aus D. Emme, a.a.O. Seite 152

45) H. Grisar, Luther I, Seite 20, Freiburg 1911/12

46) H. Dungersheim, Dadelung des obgesatzten bekenntnus, Seite 15. In: Aliqua opuscula magistri Hieronymi Dungersheym. . . contra Lutherum, Leipzig 1531

47) Ph. Melanchthon, Vita Martini Lutheri, Deutsche Übersetzung. In: Martin Luthers 95 Thesen, hrsg. von K. Aland. Seite 42-52, Hamburg 1965
48) D. Emme, a.a.O. Seite 8
49) H. Grisar, Walther Köhler über Luther und die Lüge. In: Historisches Jahrbuch der Görres-Gesellschaft. Seite 239. 34/1913
50) H. Grisar, a.a.O. Seite 239
51) WA T 1, 119; WA T 5, 6428
52) U. Undeutsch, a.a.O. Seite 26-167
— Aussagepsychologie. In: A. Ponsold, Lehrbuch der gerichtlichen Medizin. Seite 191-219, Stuttgart 1957
53) D. Emme, a.a.O. Seite 224
54) E. Kleineidam, Universitas Studii Erffordensis. 2 Bde, I. Seite 390, Leipzig 1964/69; Erfurter Theologische Studien Bde 14/22
55) G. Oergel, Vom jungen Luther. Seite 35 f, Erfurt 1899
56) U. Undeutsch, a.a.O. Seite 26-167
57) H. Dungersheim, a.a.O. Seite 16
58) WA T 1, 326, Seite 134, zitiert aus D. Emme, Warum ging Luther ins Kloster, wie 15). Emme weist auch darauf hin, daß die „Weimarer Ausgabe“ beginnt mit der kirchenrechtlichen Abhandlung „Tractatulus Doctoris Martini Luttherii, Ordinarii Universitatis Wittenbergensis: De his qui ad Ecclesias confugiunt. . . (Eine kurze Abhandlung Doktor Martin Luthers, Ordinarius der Universität Wittenberg: Über diejenigen, die in die Kirche fliehen, sehr nützlich für weltliche Richter, kirchliche Führer und Prälaten der Klöster). In diesem 1517 anonym und 1520 unter Luthers Namen veröffentlichten Traktat heißt es: „Zwei Dinge hat ein in die Kirche Fliehender sich hauptsächlich zu vergegenwärtigen:
1. Daß er mit Gewalt nicht herausgeholt werden darf;
2. Daß er wegen seines Deliktes nicht mehr zum Tode oder zu einer anderen Körperstrafe bzw. Körpermißhandlung verurteilt werden darf. . .“
59) Ph. Melanchthon, a.a.O. Seite 46
60) H. Grisar, Walther Köhler über Luther und die Lüge, a.a.O. Seite 239
61) O. Scheel, Dokumente zu Luthers Entwicklung (bis 1519), Seite 29, Nr. 69, Tübingen 1929[2]
62) WA 26, 509, 9-12 und 30
63) WA 29, 50, 18-20
64) WA 8, 573, 19 ff; vgl. dazu: H. Grisar, Luther I, Seite 11

65) WA 26, 509, 9-12 und 30
66) E. H. Erikson, Der junge Mann Luther, Seite 24 f, Frankfurt/Main 1975,
67) WA 47, 575, 37
68) Wer heute noch an die Existenz von Dämonen oder des Ponaeros und „Vaters der Lüge“ glaubt, bringt sich um seinen wissenschaftlichen Ruf, obwohl dieser Glaube dogmatisch verbindlich ist. Ohne ihn ist die Erlösungslehre eine Farce. Wer nicht mehr an *den* Bösen glaubt, verliert auch bald den Glauben an den Gott der Offenbarung. Luthers Glaube an die Existenz des Teufels war orthodox, wenn auch von Aberglauben durchsetzt und teilweise halluzinogen. Er dürfte ihn echt „erfahren“ haben. Nicht alles läßt sich psychopathologisch erklären. Die Häufigkeit, Art und Intensität seiner Teufelsbegegnungen sind geradezu einmalig. Sogar Erikson betont: „Ich bezweifle sehr, daß seine persönlichen Begegnungen mit dem Teufel jemals echte Halluzinationen gewesen sind und glaube nicht, daß die dramatischen Enthüllungen über seine seelischen Leiden auf der gleichen Ebene liegen wie die Mitteilungen eines Patienten.“ E. H. Erikson, a.a.O. Seite 35
69) P. J. Reiter, Martin Luthers Umwelt, Charakter und Psychose, sowie die Bedeutung dieser Faktoren für seine Entwicklung und Lehre, 2 Bde. Kopenhagen 1937 bis 1941
70) H. Grisar, Luther III, Seite 661-673; cf. Psychologie heute, 8/1983
71) P. Manns — H. N. Loose, a.a.O., zitiert nach W. Teichert: Vater statt Rebell oder Reformator ohne Legende. In: Deutsches Allgemeines Sonntagsblatt Nr. 8/1983,
72) G. Schallenberg, Visionäre Erlebnisse im europäischen Sprachraum nach dem Zweiten Weltkrieg. Eine psychopathologische Untersuchung ihrer Strukturen, Dissertation Bonn 1977
73) E. Kraepelin, Psychiatrie, Seite 558. Leipzig 1899[6]
74) E. Bleuler, Lehrbuch der Psychiatrie, Seite 469. Berlin 1983[15] Vgl. dazu: Kindlers Psychologie des 20. Jahrhunderts, Psychiatrie Bd. 1, Hrsg. von U. H. Peters, Weinheim-Basel 1983
75) P. Kielholz, Diagnostik und Therapie der depressiven Zustandsbilder, Schweiz. Med. Wschr. 87, 1957, Seiten 87-90; Seiten 159-173
76) F. Merz, Geschlechtsunterschiede und ihre Entwicklung. Band 3 der Reihe: Lehrbuch der differentiellen Psychologie, Seite 163 f, Göttingen 1979,

77) Kennzeichnend dafür ist z. B. eine Bemerkung der Hamburger Gesundheitssenatorin C. Maring, die sie anläßlich der Darbietung eines Films über die Abtreibung von B. Nathanson (New York) im 3. Programm des NDR machte: „Dieser Film erzeugt Schuldgefühle. So können Frauen in den seelischen Ruin getrieben werden." Zitiert nach K. D. Zelgin, Was geschieht bei einer späten Abtreibung wirklich? In: auf einen Blick, vom 7. Februar 1985
78) WA 40, II 25-29
79) WA 38, 143, 25-29
80) H. Grisar, Luther I, a.a.O. Seite 225
81) WA B 1, 72, 4-13/73, 33-39
82) Vgl. dazu: Nikolaus Paulus, Luthers Lebensende. Eine kritische Untersuchung (Erläuterungen und Ergänzungen zu Janssens Geschichte des deutschen Volkes), Freiburg 1898
Überprüft man *alle* Zeugenaussagen über Luthers Lebensende, so bleibt als objektivster und zuverlässigster Bericht die Aussage des nachts um drei Uhr herbeigerufenen Apothekers übrig. Die „offiziellen" Briefe und Berichte von Coelius, Jonas u. a. halten der Überprüfung auf Realitätsadäquatheit nicht stand. Die Theorie von N. Paulus, der sich auch H. Grisar und alle Lutherbiographen der letzten Jahrzehnte anschließen, ist nach dem Apothekerbericht, der unbestritten anerkannt wird, nicht länger haltbar. Eine Analyse der beschriebenen Symptome des angeblich kurz zuvor ruhig verstorbenen Luther einerseits (nach gerichtsmedinischen Kriterien, cf. A. Ponsold, a.a.O.) und des Verhaltens der angetroffenen Zeugen andererseits (nach gerichtspsychologischen Kriterien) führt zu der Schlußfolgerung, daß Luther plötzlich und unerwartet gestorben ist und von den „anwesenden Zeugen" tot aufgefunden worden ist (vgl. dazu die Äußerungen der beiden Ärzte angesichts des toten Luther und das spontan-entsetzte Gebaren des Jonas). Nach den Angaben des Apothekers (e. g. „visa est enim tortura oris et dexterum latus totum infuscatum") über den bereits beginnenden rigor mortis (Leichenstarre und -kälte) müßte der Tod Luthers bereits vor 1 Uhr nachts eingetreten sein. Brief und Bericht von Jonas et al. müssen als „Schutzbehauptung um des Evangeliums willen" angesehen werden, in die frühere, todesnahe Krankheitszustände Luthers mit eingeflochten wurden.
83) WA 54, 185, 14-186, 21
84) U. Undeutsch, a.a.O. Seite 26-167

85) H. Grisar, Luther III, a.a.O.; Vgl. auch WA B 5, Seite 324; W. Erl. A 62
86) F. Nietzsche, a.a.O. Seite 1159
87) Vgl. dazu: „Ein Sendbrieff D. M. Luthers, von Dolmetzschen vnd Fürbitt der Heiligen. M.D.XXX (Nürnberg 1530). In: D. Martin Luther. Die gantze Heilige Schrifft Deudsch 1545/Auffs new zugericht. Unter Mitarbeit von H. Blanke, herausgegeben von H. Volz. Anhang und Dokumente, München 1972
88) WA 10, 2 Op. lat. var. 6, Seite 215 bzw. 437
89) H. Grisar, Luther III, Seite 331
90) H. Grisar, Luther III, Seite 324
91) L. Pastor, Geschichte der Päpste. Bd. IV/2, Seite 91 f. Freiburg 1907, Vgl. dazu: R. Bäumer, Martin Luther und der Papst, Münster 1985[4]
92) Vgl. dazu: A. v. Stockhausen, Von Luther zu Hegel. In: Theologisches, Nr. 156, 2/1983 bis 5/1983
93) P. Hacker, Das Ich im Glauben bei Martin Luther, Seite 353, Graz-Wien-Köln 1966
94) E. Bleuler, a.a.O. Seite 469 f.
95) Th. Beer, a.a.O.; P. Hacker, a.a.O.
96) WA 6, 530, 16-18
97) WA 10, I, 1, 130, 14
98) WA 18, 653
99) WA 40, I, 578, 25; 579, 17; 40, I, 575, 32 ff.
100) WA 10, II, 90
101) WA 9, 442, 26
102) Vgl. dazu: J. Lortz, a.a.O. Seite 299 f
Vgl. dazu: R. Bring, Das Verhältnis von Glauben und Werken in der lutherischen Theologie, Seite 55, München 1955,
103) Vgl. dazu: P. Majunke, Luthers Testament an die deutsche Nation. Seite 63 f. Mainz 1890
104) Vgl. dazu: J. Lortz, a.a.O. Seite 300
105) Vgl. dazu: Th. Beer, a.a.O. Seite 529
106) WA 56, 229, 32: Cl. 5, 236, 3
107) WA 2, 372, Cl. 6, 55, 32
108) Vgl. dazu: M. Habitzky, a.a.O. 4391-4403
109) H. Zahrnt. In: Das Parlament, 33. Jahrgang, 3/1983. Seite 2
110) Th. Beer, a.a.O. Kapitel 3-6
111) WA 9, 14, 7
112) Vgl. dazu das CREDO; in der früheren Ausgabe der Vulgata (Stuttgart 1957) hieß es noch „Ideoque et quod nascetur *ex* te Sanctum (ek

sou)", in der neuen Ausgabe heißt es jetzt (1983) „ideoque et, quod nascetur, sanctum vocabitur, Filius Dei" Lc. 1,35; ein beachtenswerter Unterschied.

113) Vgl. dazu „Ein Sendbrieff . . . wie 85)

114) WA B 5, 518 ff

115) WA T 2, Nr. 1232-1889

116) WA T 2, Nr. 1232-1889

117) Vgl. dazu ein Äußerung Luthers aus dem Jahre 1541, die Aurifaber aufgezeichnet hat: „Als einst der Pfarrer (Betzer) von Guben erzählte, er sei so oft, wenn er ein Messer in die Hand genommen, vom Teufel versucht worden, sich zu erstechen, oder wenn er Zwirnfaden gesehen, diese zu sammeln und zu einem Strick zusammenzudrehen, um sich damit zu erhängen, — erwiderte Luther: ‚Das ist mir auch oft begegnet, daß wenn ich ein Messer habe in die Hand genommen, so sind mir dergleichen böse Gedanken eingefallen.' ". Zitiert aus: P. Majunke, Letztes Wort. Seite 24 f

118) Luthers Trinitäts- und Inkarnationslehre gestatten ihm keine „Teilhabe" an der göttlichen Natur; vgl. dazu: M. Habitzky, a.a.O. 4391-4403

119) Vgl. dazu: H. Grisar, Martin Luthers Leben und sein Werk, Seite 356, Freiburg 1927[2]

120) H. Grisar, Luther III, Seite 732

121) H. Grisar, Luther III, Seite 848

122) WA 18, S. 36/Erl. A. 29, S. 132 f

123) WA 10, 2, 220

124) WA T 2, 1558 bzw. WA T 3, 3556 A

125) Ch. St. Dessain, John Henry Newman — Anwalt redlichen Glaubens, Seite 40. Freiburg 1980,

126) G. Brendler, Martin Luther, Theologie und Revolution, Berlin 1983 Vgl. dazu: A. Laube, Luther und Müntzer in der Erbe- und Traditionsauffassung der DDR. In: Geschichte und Staatsbürgerkunde, Seite 695, 1982

127) M. Dibelius. In: Die Kirche. Wochenzeitung vom 10. 2. 1946

128) H. Fries — K. Rahner, Einigung der Kirchen — reale Möglichkeit, Quaestiones Disputatae, Bd. 100, Freiburg 1983

129) Vom 24.-26. Juni 1983 kamen in Helsinki 100 Delegierte atheistischer Organisationen aus aller Welt zusammen

Bedeutende Monographien und Beiträge

Bäumer, Remigius, Das Zeitalter der Glaubensspaltung. In: Kleine deutsche Kirchengeschichte, Zum Besuch des Papstes, Freiburg 1980

— Martin Luther und der Papst, Münster 1985[4]

Beer, Theobald, Der fröhliche Wechsel und Streit, Grundzüge der Theologie Martin Luthers, Einsiedeln 1980[2]

Fries, Heinrich — Rahner, Karl, Einigung der Kirchen — reale Möglichkeit, Quaestiones Disputatae Bd. 100, Freiburg-Basel-Wien 1983

Hacker, Paul, Das Ich im Glauben bei Martin Luther, Graz-Wien-Köln 1966

Iserloh, Erwin, Geschichte und Theologie der Reformation im Grundriß, Paderborn 1980

Jedin, Hubert, Handbuch der Kirchengeschichte IV, Freiburg 1975[2]

Lortz, Josef, Die Reformation in Deutschland, mit einem Nachwort von Peter Manns, Freiburg 1982[6]

Manns, Peter, Zur Lage der Lutherforschung heute, Hrsg. P. Manns, Wiesbaden 1982

Pesch, Otto Hermann, Hinführung zu Luther, Mainz 1982

— Gerechtfertigt aus Glauben, Luthers Frage an die Kirche, Quaestiones Disputatae Bd. 97, Herder 1982

Luthers Werke

Hier wird im wesentlichen Bezug genommen auf die „Weimarer Ausgabe“ (WA) die seit 1883 erscheint, und zwar in vier Reihen.

WA D. Martin Luthers Werke, Weimar 1883 ff (Schriften 60 resp. 82 Bde)

WA DB Deutsche Bibel (12 resp. 15 Bde)

WA B Briefe (16 Bde)

WA T Tischreden (6 Bde)

Vorläufer der „Weimarer Ausgabe“ ist die „Erlanger Ausgabe“

Deutsche Schriften: 1826-57; 1862-85[2]
Lateinische Schriften: 1829-86; 1865-73[2]

Lutherbiographien

Bainton, Roland: Marin Luther, Rebell für den Glauben, München 1983

Beuys, Barbara: Und wenn die Welt voll Teufel wär, Luthers Glaube und seine Erben, Reinbek 1982

Brecht, Martin: Martin Luther, sein Weg zur Reformation 1483-1521, Stuttgart 1981

Brendler, Gerhard: Martin Luther, Theologie und Revolution, Berlin 1983

Diwald, Hellmut: Luther, eine Biographie, Bergisch-Gladbach 1982

Elton, Geoffrey R.: Europa im Zeitalter der Reformation 1517-1559, ed. 2, München 1982

Erikson, Erik H.: Der junge Mann Luther, Frankfurt/M 1975

Emme, Dietrich: Martin Luther, seine Jugend und Studentenzeit 1483-1505, eine dokumentarische Darstellung, Bonn 1983

Fink, Humbert: Martin Luther, der widersprüchliche Reformator, München 1982

Läpple, Alfred: Martin Luther, Leben, Bilder, Dokumente, München-Zürich 1982

Loohse, Bernhard: Martin Luther, Leben und Werk, München 1981

v. Loewenich, Walther: Martin Luther, der Mann und das Werk, München 1982

Manns, Peter — Loose, Helmuth Nils: Martin Luther, Freiburg-Basel-Wien-Lahr 1982

Meisner, Michael: Martin Luther, Heiliger oder Rebell, Lübeck 1981

Oberman, Heiko A.: Luther, Mensch zwischen Gott und Teufel, Berlin 1982

Zahrnt, Heinz: Martin Luther in seiner Zeit für unsere Zeit, München 1983

Die umfangreichen Lutherbiographien von H. Denifle (2 Bde, Mainz 1904/09) und H. Grisar (3 Bde, Freiburg 1911/12), die nach J. Lortz an Bedeutung verloren haben, sind nach wie vor für jeden Lutherforscher unentbehrliche Nachschlagewerke, mutatis mutandis.